# 河北省工程勘察设计大师丛书

## ——结构卷

河北省工程勘察设计咨询协会 主编

天津大学出版社

## 编委会

# 序言

中华人民共和国成立后特别是改革开放以来，工程勘察设计行业面对国家发展的强劲需求，得到了前所未有的迅猛发展，由此带动了建筑材料、设计技术、施工技术和工程管理水平的极大提升。在此过程中，各省市均涌现出一大批站在行业前沿的技术带头人。他们勇挑重担，肩负起安全、适用、经济、美观的多重责任；他们刻苦钻研，实现材料、设计、施工、管理的技术创新；他们不计得失，争相为国家、为行业做贡献；他们继承和发扬前辈的优良传统，并将其发展和传承下去，带出一批又一批技术接班人。他们是我国工程勘察设计行业最受尊重的人，无愧于大师称号。

2011 年本人有幸参加了河北省第一批工程勘察设计大师的评选工作，经历了从严格的资料审阅、资格和业绩评审，到遴选候选人的全过程，也第一次深入感知了河北省工程勘察设计行业若干前辈和同行的骄人业绩，领略了他们的个人风采和人格魅力。

“河北省工程勘察设计大师丛书”中的《结构卷》一书，汇集了历届河北省结构设计大师的人物介绍和业绩展示，执业操守范例与技术指南功能并存。从中可以看到，大师不仅仅是一种荣誉，更是一种责任与担当，它无疑是一部结构人成长的教科书。希望广大读者和业内同人以他们为榜样，积极为工程勘察设计行业做出一番光辉业绩，早日成为河北省工程勘察设计大师乃至全国工程勘察设计大师。

2018 年 11 月 8 日

# 前言

工程勘察设计作为技术密集型的生产性服务，在工程建设项目的决策和实施过程中发挥着至关重要的主导作用，是提高投资效益、推动节能减排、保护生态环境、确保工程质量和安全的关键环节。河北省委、省政府非常重视工程勘察设计行业的发展。在2009年中华人民共和国成立60周年之际，经河北省委、省政府批准，河北省住房和城乡建设厅、河北省人力资源和社会保障厅联合组织评选出河北省第一批工程勘察设计大师，其中包含工程勘察大师10名、工程设计大师10名、建筑大师5名；2013年评选出工程设计大师10名，其中包含结构、工业、机电、设备四个专业的人才；2017年又评选出工程勘察设计大师10名，其中包含工程勘察大师2名、工程设计大师5名、建筑大师3名。目前，河北省工程勘察设计大师共有45名。

为全面落实党中央、国务院关于雄安新区建设、京津冀协同发展的战略部署，把河北这个建筑大省建成建筑强省，河北省委、省政府决定，到2020年要共评选出55名工程勘察设计大师，从2017年开始，每两年评选一次。河北省工程勘察设计咨询协会为配合省委、省政府做好宣传工作，经河北省工程勘察设计咨询协会常务理事会决定，由协会组织编辑出版“河北省工程勘察设计大师丛书”，展现河北省工程勘察设计大师的风采，宣传河北省工程勘察设计大师的功绩，给全省工程勘察设计人员树立学习的榜样，推动河北省工程勘察设计技术的进步和发展；同时也让全国的工程勘察设计同行了解河北，帮助河北省工程勘察设计大师走出河北、走向全国。

编辑出版“河北省工程勘察设计大师丛书”在国内尚属首次，河北省工程勘察设计咨询协会为保证这套丛书的先进性、真实性，做了周密的安排和部署，所有入选丛书的河北省工程勘察设计大师，都是工程勘察设计大师所在单位推荐的，而且有所在单位的评价，以此保证工程勘察设计大师的先进性；每位工程勘察设计大师的材料都是由本人提供、工程勘察设计大师所在单位审核的，以此保证业绩的真实性。经认真审核研究，“河北省工程勘察设计大师丛书”最终选入了38名工程勘察设计大师。这38名工程勘察设计大师在各自的工作岗位上都立下了丰功伟绩，无论是学术和技术水平、执业操守、敬业精神，还是严谨的工作作风，都是广大工程技术工作者的楷模，其中有两名河北省工程勘察设计大师已被国家住房和城乡建设部评为“全国工程勘察设计大师”，所以这38名工程勘察设计大师能够代表河北省目前的工程勘察设计水平和精神面貌。

“河北省工程勘察设计大师丛书”委托天津大学出版社编辑印刷成册。丛书共分四卷，即《勘察卷》《建筑卷》《结构卷》《交通、水利、煤炭、设备卷》，既考虑了专业又考虑了行业。关于每卷中人名排序的问题，我们遵循先国家后地方，按政府批文的时间和排名，先者为上。这四卷分别安排四个单位负责组卷，《勘察卷》由河北建设勘察研究院有限公司负责，《建筑卷》由中国兵器北方工程设计研究院有限公司负责，《结构卷》由河北建筑设计研究院有限责任公司负责，《交通、水利、煤炭、设备卷》由河北省交通规划设计院负责。这四个单位均安排专人负责收集、组卷，做了大量的、细致的工作，在此我代表河北省工程勘察设计咨询协会对他们付出的辛苦劳动表示崇高的敬意和感谢。

工程勘察设计大师是一份荣誉，更是一份责任，责任与荣誉同在，盛名之下理应做出表率。希望各位大师不忘初心、牢记使命，为河北乃至全国的工程勘察设计行业的技术进步与发展做出更大的贡献。

梁金国<br>河北省工程勘察设计咨询协会<br>2018年10月19日

# 目录

# 孙贺臣

2011年河北省首批工程勘察设计大师。现年79岁，1965年毕业于天津大学土木工程系工业与民用建筑专业（结构），后被分配到五机部五院工作至今（兵器工业集团，北方工程设计研究院），从事结构工程设计、科研、技术管理工作。2014年退休，从业50年。

**社会任职**

曾任土建室主任、所总工程师、分院院长、总院副总工程师以及河北贺宸工程设计咨询事务所法人代表、所长、技术负责人，兵器工业集团专家库专家，河北省工程设计抗震审查委员会和超限高层建筑工程抗震专项审查委员会委员，河北省勘察设计咨询协会和石家庄市勘察设计咨询协会副会长，河北省土木工程学会地基委员会和工程诊治委员会常务委员。

**所获荣誉**

2009年获河北省勘察设计行业终身成就奖、河北省勘察设计行业具有行业影响力人物奖，2015年获河北省离退休干部先进个人荣誉称号。

**单位评价**

孙贺臣同志1965年毕业于天津大学土木工程系工业与民用建筑专业（结构），后被分配到五机部五院工作至今，从事结构工程设计、科研、技术管理工作，是国家一级注册结构师、正高级工程师，2014年退休，从业50年。

曾任土建室主任、所总工程师、分院院长、总院副总工程师以及河北贺宸工程设计咨询事务所所长。孙贺臣同志学术严谨、以德立业，带出了一批批业务骨干。他还是兵器工业集团专家库专家，河北省工程设计抗震审查委员会和超限高层建筑工程抗震专项审查委员会委员，河北省勘察设计咨询协会和石家庄市勘察设计咨询协会副会长。2009年获河北省勘察设计行业终身成就奖、河北省勘察设计行业具有行业影响力人物奖，2011年获河北省首批工程勘察设计大师称号，2015年获河北省离退休干部先进个人荣誉称号。

在工程设计上，曾主持国内外工业与民用建筑大中型项目300余项，其中多项工程获得国家级、省部级优秀工程设计一、二等奖。代表项目有弹道国防科技重点实验室、296厂轮式步兵战车厂、乌干达U871项目、石家庄亚太大酒店、石家庄日报社、上海兵工大厦等。在科研业务及咨询方面，参加国家和河北省兵器集团工程设计、方案论证以及超限高层建筑抗震设计设防审查约300项，审查定稿省级标准图、设计规程、标准立项约100项。

孙贺臣同志坚持活到老学到老，关注新技术、新材料、新工艺，为年轻人树立了新时代的榜样。

孙贺臣 ○

# 主要业绩

## 一、工程设计

主持国内外工业、民用、房屋建筑大中型成套项目约300项。代表项目有弹道国防科技重点实验室、296厂轮式步兵战车厂、88式主战坦克生产线技术改造项目、256厂和197厂等搬迁项目、也门DY711项目、乌干达U871项目、阿尔及利亚S832项目等外贸及援建工业项目。民用项目有河北省内第一个高层建筑四星级酒店石家庄亚太大酒店、石家庄日报社、石家庄人民会堂、石家庄华能宾馆、石家庄康泰广场项目。超限高层建筑有上海兵工大厦、石家庄市交通管理指挥中心、新华路中国银行、红旗大街工商银行（高层建筑）。

## 二、科研业务建设

创新解决重大技术难题：灰土挤密桩处理湿陷性黄土地基试验研究。在山西5454厂结合工程现场采用新型灰土挤密桩处理Ⅲ级湿陷性黄土地基，消除部分乃至全部黄土地基湿陷性，具有节省投资、施工快等特点，取得了很好的经济效益和社会效益。

石家庄亚太大酒店采用悬挑式箱形基础，采取塞建方案，在国内属首次采用，经过精确的手算分析和沉降变形整体稳定分析，解决了项目场地不足问题。经长期观测，数据与计算设计协调一致，变形远小于规范值，经过几十年运行，依旧能取得很好的经济效益和社会效益。

南京理工大学弹道国防科技重点实验室为240m长全现浇混凝土结构，不设伸缩缝，采用手工计算温度作用分析措施保证了实验室严格控制变形的要求。本工程是国家级重点实验室，因工艺测试要求，结构不设变形缝，属于当时国内首创设计。世界及国内（含中国科学院）爆炸力学实验室常规采用圆形平面布置，而本项目工艺要求采用矩形加局部弧形、局部椭圆形的非规则平面及竖向布置。经过多方案比较确定了合理的、符合实际的计算方法，采用手算进行了爆炸力学计算研究和优化，采取了合理的抗爆炸结构概念设计、抗爆及抗震措施。经过兵器工业集团组织相关专家论证，确定了设计方案，经国家组织验收获一致好评，并获优秀设计一等奖、银奖，1996年建成后使用多年。作为项目专业负责人，从计算、理论、设计到结构措施都做了创新。

88式主战坦克生产线技术改造项目。88式主战坦克生产线是1958年苏联设计施工的大跨大柱网、重型吊车的全钢结构工程，1999年重新设计生产线，要求厂房抽柱加高4～6m，改造难点在于业主要求投资少、时间短、不停产。原设计采用苏联规范，抗震、耐高温、吊车起重量、吊车台数均不满足要求。改造中采用符合新要求的除尘方式，即设备排在屋架及其他结构上，并必须满足国家现行的规范要求。经分析决定对原结构进行加固设计，并进行了多方案设计和多计算模型计算，最终经专家审查确定了合理的、符合业主要求的方案，并获国家级优秀咨询成果一等奖。

## 三、工程设计咨询

参加国家和河北省兵器集团工程设计、方案论证、质量问题处理以及超限高层建筑抗震设计设防审查约300项。

作为具体超限高层建筑工程审查资质专家（原来河北省仅有2家审图机构），参加了河北省诸多大型复杂超限工程，如邯郸文化艺术中心、石家庄环球中心、保定万博广场、石家庄国际会展中心、梦廊坊大剧院、河北科技大学、石家庄勒泰中心等。任河北贺宸工程设计咨询事务所所长、技术负责人14年间审查了200多项工程，由于审查负责认真，从方案阶段就提前介入，全力为业主负责，受到了好评，提高了知名度，拓宽了市场，提高了工程质量，取得了明显的经济效益和社会效益。

多次参加住建部、河北省住建厅组织的质量大检查，解决了一些现场发现的质量问题。

参加国家级、省部级大型项目的初步设计、方案设计和省级标准图、设计规程及标准的立项并编制成文件审查定稿约100项。

从技术方面协助河北省住建厅、石家庄住建局及其他城市主管部门处理工程质量事故约100项，并多次任专家组组长主持论证会。

参加河北省超限高层建筑抗震设防专项审查约150项，并多次担任专家组组长，主持了河北省大部分超限高层建筑的抗震设防专项审查。

## 四、科研、业务建设、著作

（1）灰土挤密桩处理湿陷性黄土地基试验研究。

（2）异形布置抗爆结构试验研究。

（3）《抗爆结构间室设计规定》。

（4）《北方工程设计院结构专业初步设计规定》。

（5）《河北省房屋建筑和市政基础设施工程施工图设计文件审查要点》，2006—2016年共6版（含修订版），由省级主管部门发行。

（6）《河北省房屋建筑施工图设计常见问题分析与解决措施》，先后6次出版发行。

（7）《抗震结构设计》（2000年兵工学会年会论文），学会及会上发表。

（8）《钢管混凝结构设计规程》。

## 五、获奖

（1）石家庄亚太大酒店获兵器部优秀设计二等奖。

（2）石家庄华能宾馆获兵器部优秀设计二等奖。

（3）弹道国防科技重点实验室获国防兵器优秀设计一等奖、国家第七届优秀工程设计银奖。

（4）《88式主战坦克生产线技术改造项目可行性研究报告》获中国咨询协会2000年度优秀工程咨询一等奖。

（5）石家庄康泰广场获兵器部优秀设计一等奖。

（6）256厂轮式步兵战事生产线改扩建工程获兵器部优秀设计一等奖。

（7）“灰土挤密桩处理湿陷性黄土地基试验研究”论文、报告及项目获全国科学大会奖。

（8）2009年获河北省勘察设计行业终身成就奖、河北省勘察设计行业具有行业影响力人物奖。

（9）2015年获河北省离退休干部先进个人荣誉称号。

## 保定万博广场

建设地点：河北省保定市朝阳路
建筑面积：350 000 m$^2$
设计/竣工：2009 年/2012 年

保定万博广场是保定市规模最大的地标性建筑，是大型商住综合的超限高层建筑工程。建筑总高 210 m，双塔中间为大型商业建筑，整个工程建设规模达 600 000 m$^2$，本工程为一期。

本工程为超限高层建筑，经过超限设计专项审查。

## 邯郸文化艺术中心

建设地点：河北省邯郸市
建筑面积：150 000 $m^2$
设计 / 竣工：2009 年 / 2011 年

本工程为邯郸市标志性建筑，功能复杂，含展览厅、文化中心、大型影剧院等，造型新颖独特，结构复杂。本工程为钢筋混凝土大悬挑结构，结构技术难度大且复杂。

本工程为超限高层建筑，经过超限高层抗震设防专项审查。

## 石家庄勒泰中心

建设地点：河北省石家庄市
建筑面积：620 000 $m^2$
竣　　工：2014 年

本项目位于石家庄市中山路繁华商区，属大型商业综合体，商业、办公、娱乐功能复杂，包括 4 个塔楼和 6 层连体商场，高度在 180 ~ 210 m。

本工程属超限高层建筑，经过超限高层抗震设防专项审查，采用钢结构、钢－混凝土结构等复杂结构体系。

## 石家庄国际会展中心

建设地点：河北省石家庄市
建筑面积：100 000 $m^2$

石家庄国际会展中心位于石家庄市正定新区，属大型超长超高单层大跨钢结构和超限高层建筑工程。本项目造型奇特、功能复杂，经过超限高层抗震设防专项审查。

## 石家庄人民会堂

建设地点：河北省石家庄市
建筑面积：120 000 $m^2$
竣　　工：2003 年

石家庄人民会堂属大跨度超高层建筑，功能包括会议中心、文艺演出中心等，结构为钢筋混凝土框架 - 剪刀墙，屋盖为双层大跨异型钢网架结构。该设计解决了超长温度应力作用问题，第一次在河北省采用钻孔灌注桩基础。

## 石家庄日报社

建设地点：河北省石家庄市
建筑面积：50 000 m$^2$
竣　　工：2001 年

石家庄日报社为高层建筑工程，采用天然基地，工程造型复杂，采用框架－剪力墙结构。

## 石家庄亚太大酒店

建设地点：河北省石家庄市
建筑面积：30 000 m²
竣　　工：1990 年
获奖情况：部级优秀设计一等奖

石家庄亚太大酒店是河北省第一个四星级大酒店，采用框架－剪力墙结构，由于场地限制采用悬挑式箱形基础，全部手算进行设计计算和分析。

# 张洪波

1955年出生于石家庄市，祖籍河北省赵县，中共党员，工学博士，研究员级高级工程师，国家一级注册结构工程师。2011年被评为河北省工程勘察设计大师。

**社会任职**

中国兵器工业集团江南工业集团外部董事，河北省超限高层抗震审查委员会主任，石家庄工程勘察设计咨询业协会会长，中国工程建设标准化协会建筑振动专业委员会委员，河北省土木建筑学会结构学术委员会常务副主任，河北省土木建筑学会建筑工程诊治委员会副主任，河北省建筑业协会工程项目管理委员会监事会主席，河北省钢结构设计与产业化分会副理事长。先后被聘为天津大学硕士生导师，河北工业大学兼职教授，石家庄铁道大学硕士生导师，河北科技大学硕士生导师。兼任河北省老科学技术工作者协会建设分会专家顾问委员会副主任，天津大学校友总会原副会长、石家庄校友会会长，北方防务智库专家。曾任河北省侨联副主席，中国兵工学会建设分会副会长，河北省外经贸协会副会长。

**主持工程情况及荣誉**

1980—1993年设计或主持可行性研究、初步设计、施工图设计200多项，结构形式上包括砖混、框架、排架、高层框剪、超高层框筒、超高层全剪力墙、全钢结构等；建筑类型上包括铸造、表面处理、机加、总装、光学厂房、特种实验室、火力电厂、大型锅炉房、大型影剧院、会堂、4星和5星级宾馆、智能化写字楼、教学楼、图书馆、住宅、药厂、陶瓷厂等。所主持的项目多次获国家或部级优秀设计奖，其中石家庄广安大厦获部级优秀设计一等奖，世贸广场项目获部级优秀设计一等奖，308整厂搬迁项目获部级优秀设计二等奖，617厂奔驰汽车生产线获部级优秀设计一等奖、国家优秀设计铜奖，617厂80式坦克改造工程获国家优秀设计金奖，206研究所移址工程获国家优秀设计银奖，华东工程学院教学楼获部级优秀设计二等奖，华北制药青霉素生产厂（亚洲最大）获部级优秀设计二等奖。

**学术成果**

1991年设计的石家庄日报社（22层）、1995年设计的广安大厦（33层）和财富大厦（38层）都是当时河北省最高建筑，世贸广场是河北省首个5星级酒店。带队参加5·12汶川地震震后100多栋建筑评估、结构安全处理，组织力量参加抗震援建。积极支持河北省三年大变样，在省级会议上提出制定全省三年大变样技术导则的建议获副省长采纳。组织的三年大变样项目、民心广场、明月河高层住宅楼改办公楼、长安公园等项目获得省市领导和社会好评。研发的节能抗震建筑体系在15个省市发布标准，应用面积达2亿 $m^2$ 以上。在国家核心期刊或省级刊物上发表多篇论文。

**单位评价**

张洪波同志政治品德和职业品德优秀，从事设计及设计管理工作 30 多年，是国家一级注册结构工程师、正高级工程师、工学博士。先后设计或主持可行性研究、初步设计、施工图设计 200 多项，其中 1991 年设计的石家庄日报社（22 层）、1995 年设计的广安大厦（33 层）和财富大厦（38 层）都是当时河北省最高建筑，世贸广场是河北省首个 5 星级酒店。所主持或作为主要设计人参与的项目多次获国家或部级优秀设计奖，其中石家庄广安大厦和世贸广场项目获部级优秀设计一等奖，308 整厂搬迁项目获部级优秀设计二等奖，617 厂奔驰汽车生产线获部级优秀设计一等奖、国家优秀设计铜奖，617 厂 80 式坦克改造工程获国家优秀设计金奖，206 研究所移址工程获国家优秀设计银奖，华北制药青霉素生产厂（亚洲最大）获部级优秀设计二等奖。带队参加 5 · 12 汶川地震震后 100 多栋建筑评估、结构安全处理，组织力量参加抗震援建。

参加河北省建设厅在建设部立项的抗震节能新建筑体系研究，担任主研人、发明人，该项目经建设部部级科研鉴定为国际先进水平，获中国技术市场协会金桥奖、河北省人民政府科技发明二等奖。曾在国家核心期刊或省级刊物上发表多篇论文，有多项建筑领域发明或实用新型专利。编制过多项国家和省级行业标准。退休后任河北省超限高层抗震审查委员会主任、石家庄工程勘察设计咨询业协会会长。

# 自传及业绩

## 一、设计工作经历

1980—1993年设计或主持可行性研究、初步设计、施工图设计200多项，结构形式上包括砖混、框架、排架、高层框剪、超高层框筒、超高层全剪力墙、全钢结构等；建筑类型上包括铸造、表面处理、机加、总装、光学厂房、特种实验室、火力电厂、大型锅炉房、大型影剧院、会堂、4星和5星级宾馆、智能化写字楼、教学楼、图书馆、住宅、药厂、陶瓷厂等。所主持的项目多次获国家或部级优秀设计奖，其中石家庄广安大厦获部级优秀设计一等奖，世贸广场项目获部级优秀设计一等奖，308整厂搬迁项目获部级优秀设计二等奖，617厂奔驰汽车生产线获部级优秀设计一等奖、国家优秀设计铜奖，617厂80式坦克改造工程获国家优秀设计金奖，206研究所移址工程获国家优秀设计银奖，华东工程学院教学楼获部级优秀设计二等奖，华北制药青霉素生产厂（亚洲最大）获部级优秀设计二等奖。1991年设计的石家庄日报社（22层）、1995年设计的广安大厦（33层）和财富大厦（38层）都是当时河北省最高建筑，世贸广场是河北省首个5星级酒店。带队参加5·12汶川地震震后100多栋建筑评估、结构安全处理，组织力量参加抗震援建。积极支持河北省三年大变样，在省级会议上提出制定全省三年大变样技术导则的建议获副省长采纳。组织的三年大变样项目、民心广场、明月河高层住宅楼改办公楼、长安公园等项目获得省市领导和社会好评。研发的节能抗震建筑体系在15个省市发布标准，应用面积达2亿$m^2$以上。

汇报西柏坡某工程

1. 高层建筑设计

1986年，参加华东工程学院14层主教学楼实验楼高层框剪结构设计，20 000 $m^2$，突破北方院的设计高度，任主要设计人，获部级优秀设计二等奖。

1991—1992年，设计石家庄日报社新闻大厦，21 000 $m^2$，23层，主体约90 m高，框筒结构，为当时全省最高建筑，任专业负责人。

1992—1993年，设计石家庄广安大厦，60 000 $m^2$，33层，主体约100 m高，框架－剪力墙结构，任项目负责人，获部级优秀设计一等奖，为河北首个33层建筑。

1993—1997年，设计石家庄佳诚大厦，100 000 $m^2$，38层，为当时全省最高建筑，任前期项目负责人、后期专业负责人。

1994—1998年，设计石家庄世贸广场，70 000 $m^2$，28层，主体约100 m高，获部级优秀设计一等奖，任项目负责人，为河北首个5星级酒店。

保持河北省设计高度纪录近十年。

2. 工业厂房设计

308厂搬迁工程，有30多个子项目，位于山区，地形地貌复杂，地基处理和基础形式多样，任专业负责人，获部级优秀设计二等奖。

华北制药青霉素生产厂，亚洲最大的青霉素制药厂，任专业负责人，获部级优秀设计二等奖。

617厂80式坦克改造工程，804特种实验室及部分工业厂房，任主要设计人，获国家优秀设计金奖。

206研究所移址工程，任主要设计人，获国家优秀设计银奖。

617厂奔驰汽车生产线，任主要设计人，获国家优秀设计铜奖。

从1984年在深圳开始做多层工业厂房的修改设计到1987年308厂多个多层工业厂房、华北制药多层工业厂房、206 研究所多层工业厂房以及后来石家庄开发区的多层工业厂房设计，对多层工业厂房和单层工业厂房的区别、用途、功能、经济效益有了较深的理解，在国家核心期刊上发表了《多层标准厂房是开发区工业厂房发展的必由之路》，并在河北省开发区主任培训班上进行了讲座。

3. 钢结构设计

1984 年在深圳分院时率先接触了两个轻钢门式全钢结构工业厂房的设计。

1989 年作为主要设计人设计了兵器 447 厂中美合资矿用汽车总装车间，其重型吊车全钢结构首次采用了格构式组合钢柱，获得兵器部祝慕高总工程师的认可和好评。

4. 新型建筑体系的研究

1992 年参加建设部科技司立项的混凝土复合保温建筑体系研究，做了大量的试验，在此研究的基础上完成了硕士和博士论文，并在各类期刊发表论文多篇，建设部部级科研鉴定其具备国际先进水平，获河北省人民政府科技发明二等奖、中国技术市场协会金桥奖，在全国 15 个省市和汶川、玉树得到推广，应用面积达 2 亿 $m^2$ 以上。

5. 复杂问题的处理

在 617 厂 80 式坦克改造项目中独立完成了多功能特种试验工房全部设计，其中每分钟 11 000 转的半地下破坏性试验要求对我国新式坦克部件进行破坏性试验的同时，对邻近监控室有极高的防震防噪要求，当时在全国尚属仅有，经过周密设计，建成后多年使用无问题。

华北制药青霉素生产厂是亚洲最大的青霉素制药厂，全部引进德国生产线。首先要解决的是用 10 000 $m^2$ 地完成 53 333 $m^2$ 地的建设任务。经研究只能采用多层工业厂房的方式，大量超过 60 t 的重型设备必须上楼，2 000 t 容量的水池及 14 m 高的水塔要置于楼顶，对于振动很大的空压机，没有扰力等设计资料可供参考，且要架空。在难度大、周期紧的情况下，承担和主持了该项目，并解决了问题，厂房至今运行良好。

石家庄日报社是近百米高的高层建筑。基础施工时，由于勘探部门拔桩的失误造成基础下地基 5 ~ 6 m 深大面积扰动失效，经半年反复处理无效。作为专业负责人，在老主任的支持下，帮助制定了处理方案，并亲自到工地现场督导，一次处理成功。

1984 年参加了北方院深圳分院的组建。当时办公和住宿都在蛇口南方模具厂的标准工业厂房里，厨房用的是未启用的卫生间。一顿饭，二两米饭，最少要硌三回牙。虽然条件艰苦，但仍然完成了创办初期三个项目的结构设计。

6. 逼出来的图纸简化

俗话说，懒人能创新。

1987 年任大型光学工厂 308 厂迁建工程的专业负责人时，超 2 万 $m^2$ 的光学综合楼，有 30 多张圈梁、过梁图纸，没有人承担设计，只有 3 天交图时间，在了解设计原理和施工方法以后，用近 100 个字的说明解决了 30 多张图纸的出图问题，这一简化获得了施工单位的肯定和好评，在设计院逐渐推广开来。某工业项目要求 5 天时间画 7 张钢柱间支撑，当时手工画图应该是 7 天出 1 张图，在认真理解了柱间支撑的受力原理和节点构造后，用 50 个字结合标准图集进行说明，简化了 7 张图纸，其后在砌体结构中省掉了构造柱的画图工作，这些简化都被施工方和后来的设计人员所认可，紧接着又省掉了钢筋表和部分节点大样，由此节省了 20% 以上的工作量，推动了设计图纸的简化工作，使北方院的结构设计简化工作走在全国前列。

38 年的设计经历，得到了许多前辈的帮助和指导，其中对我影响最深的是设计的两位启蒙老师——周炳良和杨家源，他们分别是我的第一任和第二任组长。在此，向他们以及帮助过我的老师和同事们表示衷心的感谢。还要感谢天津大学的老师们教给我的知识，使我打下了很好的理论基础。

## 二、技术管理工作的经历

1990—1993 年担任建筑结构专业组组长，那时一个组将近 40 人，组长不脱产，要参加所有项目的技术把关和方案制定。这期间完成了 100 多个设计项目和工地服务，其中有代表性的项目是石家庄广安大厦、石家庄佳诚大厦、石家庄日报社新闻大厦、华北制药厂青霉素生产厂、东海大厦、石家庄铁路大厦、河北金融大厦、太原机械学院学生会堂以及中国兵器工业 617 厂奔驰汽车生产线、447 厂、5460 厂、256 厂、107 厂等。

1993—1994 年担任土建室副主任、主任。这个阶段的土建室有 100 多人，包括建筑和结构两个专业。组织全室的技术和生产活动，组织参加设计方案的制定、项目投标和项目经营、复杂问题的处理以及审查校对工作。当年完成各种类型的设计任务 500 000 $m^2$ 以上，我们被评为北方设计院的先进科室。

1994—1997 年任第二设计所副所长、所长，1995 年工艺专业单独成立工业设计所以后，第二设计所留下 210 多人，建筑、结构、水、暖、电、热各专业配置齐全，分管上海、厦门、常州分院及苏州办事处，和第一设计所共同承担深圳分院的人员派遣，并组织和主持全所技术、生产、经营工作。这期间坚持不脱离业务，一直参加各项目设计方案的制定及技术难题解决。全所完成了大量工业、民用建筑设计和工程总承包项目。

工程总承包方面，全所上下努力为院里承揽到了中国兵器科学院科技一号楼的工程总承包项目，完成了院里下派的各类工程总承包项目，并继续发展药厂设计市场，先后完成了华北制药爱诺生产厂、VC 生产厂等项目的设计。

积极参加市场竞争，承揽完成了万科在河北的第一个住宅项目银都花园以及东海大厦、太和电子商城、农业银行、石家庄中山路元顺大厦、天元商厦、河北省总工会住宅区、西柏坡碑刻石林、安全馆、石家庄一中、河北师范大学附属中学、威远广场女人世界、图书市场、河北省税务局阳光大厦及住宅区等大批工业、民用建筑设计。由于阳光大厦的成功设计，赢得了业主信任，后又相继承揽了石家庄国税局办公大楼及地税局办公大楼、承德国税局、平顶山国税局、洛阳国税局等一系列国税系统项目。

配合工业设计所，完成了大量兵器系统内的工厂设计。

分院的发展态势良好，常州分院完成了常州国家高新产业园区的总体规划，承揽了高新区的大量设计任务，如常州高新区管委会大楼、超高层东方伯爵大酒店、常州天宁商城、镇江奇美化工厂等；上海分院完成了上海正润欧洲花园、上海兵工大厦、恒大住宅小区等大量建筑设计；厦门分院在发展厦门市场的同时成立了福州办事处；苏州办事处筹备成立了苏州分院。全所团结合作、效益良好，没有一个员工流失，被评为院先进生产所，个人获得河北省优秀共产党员表彰。

1997—2001 年任生产副院长，组织全院生产和技术管理工作，1998 年代行部分总工程师工作，参加重大项目方案制定和评审。能够留在记忆中的往事，一是处理了大量久拖不决的技术和质量等复杂问题。如 152 厂工程总包遗留问题一直没有给兵器集团满意答复，在杨兰友局长帮助下，反复多次完成了西南地区网架技术分析报告，得到了集团领导和马总的认可。再如 256 厂悬挂吊车运行质量影响生产问题，技术人员曾三次到工厂都没能解决问题，带队到现场后工厂主要领导不愿见面，在工厂总工的建议下在厕所等到了主要领导，在认真复核了设计后，承诺吊车运行时人员可以站在吊车之下，确保安全，取得了信任，进而才收回了剩余的设计费，并得以继续承接下一步的设计任务，保住了设计阵地。其实，只要认真面对，没有解决不了的技术问题。二是受院委托带队走访，开拓河北省 11 个地市的民用建筑市场，先后走访了石家庄、保定、唐山、衡水、沧州、邯郸、邢台、秦皇岛、张家口、承德发改委及建设局的有关部门，使大家了解了北方设计院，扩大了北方设计院的影响。这期间和承德双桥区政府签订了院区友好协议。

2002—2012 年任党委书记，2012—2015 年任监事会主席，履行党委书记和监事会主席的职责。

印象深刻的一是确保稳定，深刻认识到一个单位只有稳定才能发展，努力为全院生产经营创造良好、和谐

张洪波 ○

的环境。这一时期正是国有企业改革改制的关键时期，设计院由事业单位改制为科技型企业，这对一个1952年建院的设计院来说是困难重重的。在集团公司的帮助和领导班子的共同努力下，为2000年以前退休的老同志争取到了事业单位的退休待遇，而且没有增加在岗职工的负担，体现了设计院对老职工的关心和关爱，也稳定了他们在设计院工作子女的情绪，使其得以安心工作。耐心倾听其实也是最好的思想工作，曾经连续三天倾听一个职工的诉求和意见，平复他的情绪。尽最大努力，支持行政领导的决定，安心生产经营，创造稳定环境。这一时期的工作使我认识到，只要真心对待每一个人，再大的矛盾也能化解，即使是那些轻视生命、走极端的人，也能用真心转化他们的极端情绪。

二是分管组织和人事工作期间坚持双向培养，把技术骨干培养成党员，把党员培养成技术骨干，取得了良好的效果，设计院从许多中层干部和技术骨干不愿意要求进步到90%加入党组织，使党的形象在设计院得到了较大提升，给生产经营增加了正能量。坚持宽进严出，逐渐使技术人员的比例从不到70%发展到将近90%。

三是处理应急事务，在接待国家审计署审计和地方政府部门检查的过程中，认真负责，真诚相待，广交朋友，心存感恩，为设计院创造了和谐安定的局面，避免了大的经济损失，确保了国有资产保值增值，维护了职工权益。

四是努力创造良好的地方环境，为生产经营保驾护航。借此机会特别感谢省建设厅、市建设局，这些年对我和北方设计院的支持，使北方设计院从1980年开始军转民到今天在民用建筑上取得了巨大成绩。我个人也在地方的民用建筑上有所成就，一直努力保持和业务主管部门的良好关系，多年来在设计院的资质、人才成长、质量安全上得到了大量的帮助和关爱。也特别感谢省国防科工局、省总工会的支持和帮助，不仅给了我们许多设计项目，而且给了设计院许多荣誉，在领导班子的共同努力下，设计院连年完成生产经营目标，多年是河北省文明单位、先进基层党组织。北方设计院2012年获得河北省五一劳动奖状，2013年获得全国五一劳动奖状，这在全国的设计企业中是很少见的。

五是坚持不脱离生产经营，实现自身价值。这一时期先后帮助各单位承揽了石家庄人民会堂、阳光大厦二期、康泰广场、承德皇家度假旅游园区、衡水滏阳广场公园、省总工会项目、华润置业石家庄万象城桩基工程、洛阳国税局和平顶山国税局项目。协助各所投标中标河北工业大学 、河北农业大学、河北大学新校区及河北科技大学总体规划等大学项目。以此为契机，设计院中标了大量学校项目，发展并开拓了高校设计市场。

六是不忘根本，努力用技术和经验解决实际问题，为各所服务。

2008年5月15日带队和其他五位同志（王胜文、谷岩、吴云奇、杨海涛、苏占立）紧急赴汶川地震灾区，对当地7个单位的部分建筑震害情况进行了实地查看，并根据了解到的具体建筑物震害情况进行了应急处理和咨询服务，确保了军工生产的恢复和正常进行以及援外任务的完成。

10年过去了，回忆当时和同志们共同奋斗的经历，感慨万千。面对国难，大家白天在现场调研，晚上彻夜研究处理方案。在现场大家不顾个人生命安危，脚踩着随处可见的瓦砾，头上有随时可能掉下来的砖瓦块，在不断的余震中趴在屋顶、吊车梁、钢支撑上巡查检测厂房的损坏程度，为的是准确判定厂房损毁情况，拿出正确的处理方案。

在巨大的恐惧面前，工厂各级陪同的领导越来越少，工作队的同志却浑然不觉。其实不是不害怕，而是源于强烈的责任心、对地震规律的认识和对受损建筑的正确判定以及对我们自己设计和承包工程的信心。正是这种信心和认真的态度，感动了工厂上下，安定了惶恐的人心，使工厂能够尽快复产。10年过去了，我们当时出具的巡检报告，既经受住了法定部门的检测验证，也经受住了实践的考验。

汶川地震检验了我们北方设计院的设计，我们的设计经受住了特大地震的考验，做到了小震不坏、中震可修、大震不倒，实现了强柱弱梁更强节点的设计理念，在特大地震下，没有造成任何伤亡。这是对北方设计院的最大奖励。

从汶川回来后，应邀在河北省电视台做了访谈节目《我们的建筑安全吗？》。

后带队到北京组织集团办公楼改造加固（原北京十大建筑部委办公大楼）设计，奠定工程总包基础。

石家庄人民会堂项目建成后由于功能改变，要提高层高，去掉部分承重柱子。据了解，当时在省内及国内都是首次。为满足相关领导的明确要求和使用功能需要，在分析了该项目承重体系的情况后，大胆提出了可行的方案，并说服设计人员，项目改造达到了使用功能的要求，并获得了领导好评，为设计院赢得了信任，获得了很好的经济效益。

由于石家庄人民会堂去承重柱子改造的成功，红崖谷景区业主慕名而来，根据功能需要，要求把已建成的红崖寺 4 m 柱距改为 8 m 柱距，在现场分析了工程质量和结构形式的基础上，初步确定了可行性和基本改造方案，成功组织了改造，赢得了业主信任，为承接后续项目奠定了基础。

为了提高技术水平和不脱离业务，先后攻读了天津大学工程管理与科学硕士学位、土木工程博士学位，并参加了国家“十五”科技攻关项目“绿色建筑关键技术研究”。先后编制了 2 项国家标准、7 项地方标准，在担任河北省超限高层抗震审查委员会主任期间参加了多个复杂超限高层项目的评审，提高了业务水平，提出了许多有益的意见和建议。这期间为各设计所解决了很多技术上的复杂问题，如通过为已建成的阳光大厦在楼上加游泳池提出的改造方案向省建委和省建工局、国税局展示了北方设计院的技术能力，由此带来了一系列税务系统的设计项目，对河北省政府明月河高层住宅楼加固改造项目提出的改造方案，节约了 90% 的改造资金，赢得了省主管部门对北方设计院的信任并发函表扬，成为后期开拓省政府市场设计项目的契机。还积极参与组织河北省三年大变样设计项目，在会议上提出制定全省三年大变样技术导则的建议被副省长采纳，并参与了文稿的修改讨论。积极响应省市建设主管部门的要求，组织力量参加抗震救灾，体现了北方设计院在关键时刻特别能战斗的精神，并荣获抗震救灾先进基层党组织，得到省市领导和主管部门的肯定与社会好评。

这期间获得河北省人民政府科技发明奖，全国侨联系统先进个人表彰，2001 年被评为河北省工程勘察设计大师。

一路走来，特别感谢中国兵器集团领导对我的培养，感谢北方设计院全院各级领导和职工对我的支持和帮助，感谢省科工局、住建厅以及石家庄住建局、省市设计协会对我的关照。由于水平和能力有限，在技术上也留下了很多遗憾，在工作和人际关系上也未必能尽如人意，在此表示衷心的感谢和歉意。

## 石家庄日报社新闻大厦

建设地点：河北省石家庄市
建筑面积：22 000 m$^2$
设计/竣工：1991 年/1992 年

石家庄日报社主体 23 层，总高约 92 m，采用框架－筒体结构。该项目采用大量塑料模壳体系，首次采用悬挑井字梁体系楼盖，是河北省和北方设计院首个近百米高层建筑。

当时计算程序对 23 层以上的建筑没有成熟经验，不能运算。协助程序编制单位湖南大学发现了程序问题并解决了程序缺陷，协助甲方完成了全过程的工程问题处理，建成后使用效果良好。

## 华北制药青霉素生产分厂

建设地点：河北省石家庄市
建筑规模：多个工业厂房
获奖情况：省部级优秀设计二等奖

该项目是当时亚洲最大的青霉素生产线，引进德国生产线，德国给出的规划设计占地 53 333 $m^2$，由于项目位于市区，用地紧张，要求在 10 000 $m^2$ 用地上完成全部设计。

## 石家庄广安大厦

建设地点：河北省石家庄市
建筑面积：60 000 $m^2$
设计/竣工：1992 年/1993 年
获奖情况：省部级优秀设计一等奖

石家庄广安大厦是河北省首个百米高的住宅和商业连体项目。本工程地下 2 层、地上 31 层，地上主体高 100 m。地上 1~5 层为大空间商业用房，6~31 层为商住房，商业功能要求大开间，故采用框架-剪力墙结构。在满足建筑功能的同时，避免了结构的转换层，当时国内百米高层住宅建筑中尚未有过采用板式结构的先例。本工程难度大，计算软件不成熟，还有深基坑支护、不均匀沉降及沉降缝设置、钢筋混凝土超长结构、设置温度伸缩缝、高层结构抗侧移刚度合理取值、新型建筑材料应用等问题，经多方研究论证，采取有效措施使以上问题均得到了解决，获得了宝贵的经验。

## 石家庄世贸广场

建设地点：河北省石家庄市
建筑面积：70 000 $m^2$
设计 / 竣工：1994 年 / 1998 年
获奖情况：省部级优秀设计一等奖

本项目第一次设计为全智能化写字楼，建成后改造为五星级酒店，是河北省首个五星级酒店。

本项目位于石家庄市黄金地段主干道中山路与广安大街交叉口，是面向中外的综合型高层五星级酒店，采用框架－剪力墙结构，箱形基础，7 度地震设防。结构采用了大跨度单向密肋梁，有效解决了楼屋面自重问题，有效降低了建造成本。中信集团接管后要求由智能办公楼改为五星级酒店，聘请的是国际著名顾问公司，不仅功能有大改变，板有大量开洞，梁有变位，荷载变化也大。结构设计采用了调幅理论，对结构进行了优化布局和设计，在进行必要的加固改造的同时满足了国际一流酒店设计专家的功能要求。

## 中国兵器308光学仪器厂搬迁项目

建设地点：河北省石家庄市
建筑规模：全厂30多个子项目
设计/竣工：1987年/1988年
获奖情况：部级优秀设计二等奖

本项目位于重庆山区，需要大面积整平，基础处理复杂、类型多。其中101光学综合楼为当时国内兵器系统最大的光学综合楼。本项目竣工后受到兵器部领导多次好评，被誉为全部100多个搬迁厂中最好的一个，在部领导及各级地方领导参加的验收会上，被地方兵工局领导誉为最好的设计、最好的施工，并得到重庆市委书记和部领导的肯定。

## 中国兵器617厂80式坦克技术改造项目

建设地点：内蒙古自治区包头市
建筑类型：特种实验室
设计/竣工：1985年/1986年
获奖情况：国家优秀设计金奖

中国兵器617厂80式坦克技术改造项目，完成了802工房的部分主体设计和804工房——国家坦克特种实验室的全部结构设计。804实验室中，要对坦克部件进行破坏性试验，其中每分钟11 000转的半地下室破坏性实验室是当时全国首创。

## 中国兵器206研究所移址建设项目

建设地点：陕西省西安市
建筑规模：多个工业厂房
设计/竣工：1985年/1986年
获奖情况：国家优秀设计银奖

中国兵器206所移址建设项目是国防重点项目，主要任务是建设一个适合开展飞机、火箭、炮弹等目标和地物的反射特性抗攻击技术研究，开展火控雷达发展方向技术体制以及计算机应用研究，开展搜索跟踪天馈线、收发、信号处理、终端等部件和技术的应用研究，在研究基础上进行火控雷达的发展研究场所。研究雷达试验技术和模拟试验方法，按上述要求和工艺特点，将各实验室组合成综合科研试验大楼、器件楼和工艺楼以及相应的试制生产厂房辅助配套工程，形成火控雷达科研试制能力。

## 中国兵器617厂奔驰汽车生产线

建设地点：内蒙古自治区包头市
建筑规模：多个工业厂房
设计/竣工：1991年/1992年
获奖情况：国家优秀设计铜奖

本项目是当时国内引进的德国首个36t矿用载重车生产线，包括奔驰矿用汽车总装车间、奔驰矿用汽车喷漆车间。工艺设计由德国方主持，结构由我方设计，我方主持完成了喷漆厂房的全部设计和校对工作以及总装厂房后期的全部设计修改工作。

## 河北省政府明月河 A 座高层住宅楼加固改造

建设地点：河北省石家庄市
建筑面积：25 000 $m^2$
设计/竣工：2009 年/2009 年

2009 年 3 月，由河北省住房和城乡建设厅会同河北省省直机关事务管理局在天津市组织全国著名结构专家和国家规范编制人，对我们提出的明月河 A 座高层住宅楼加层抗震加固改造方案进行了论证。该方案一举通过认证，并获得了与会专家的高度赞誉和认可，一致认为新的结构设计理念和设计方案是合理可行的。本项目为业主节约了费用，解决了问题，并获省直机关沿街既有建筑外观整饰指挥部发函表扬，赢得了省直机关对北方设计院的信任。其设计理念得到了国家相关规范的认可，并在正文中明确，为北方设计院赢得了信誉。

## 石家庄人民会堂

建设地点：河北省石家庄市
建筑面积：38 000 $m^2$
设计/竣工：1994 年 / 1999 年

本项目两次投标、两次中标，组织了两次方案制定并中标，组织了两次项目前期可行性研究论证和初步设计。项目建成后由于功能改变，要求提高层高，去掉部分承重柱子。据了解，当时这在国内尚属首次。为满足相关领导的明确要求和使用功能需要，在研究了本项目承重体系的情况后，大胆提出了可行的方案，并说服设计人员，使项目改造达到了使用功能的要求，获得了领导好评，为设计院赢得了信任，获得了很好的经济效益。

当前位置：首页>>点播播放页面

## 汶川地震抗震救灾巡检

建设地点：四川省汶川地区

巡查规模：100多栋震害建筑

2008年5月15日带队和其他五位同志（王胜文、谷岩、吴云奇、杨海涛、苏占立）紧急赴汶川地震灾区，对当地7个单位的部分建筑震害情况进行了实地查看，并根据了解到的具体建筑物震害情况进行了应急处理和咨询服务，确保了军工生产的恢复和正常进行。所调研的工厂有中国兵器系统167厂、157厂、348厂、216厂、354厂以及成都东洋滤机公司、成都兵工大厦等100多栋问题建筑。

## 河北工业大学新校区总体规划

建设地点：天津市
校园用地：213 ha
设计/竣工：2002 年/2008 年

该项目校园用地 213 ha，总建筑面积 1 050 000 $m^2$。主持该项目规划投标并中标以及主教学楼和图书馆设计及工地服务。

## 康泰广场

建设地点：河北省石家庄市
建筑面积：77 600 $m^2$
设计/竣工：2000 年/2002 年

该项目位于石家庄市中山路，是较早的大型商业综合体。主持投标并中标以及方案制定和可行性研究。

## 复合保温混凝土剪力墙结构体系

建设地点：全国 15 个省市

应用面积：近 2 亿 $m^2$

获奖情况：中国技术市场协会金桥奖；河北省人民政府科技发明二等奖

张洪波 ○

复合保温混凝土剪力墙结构体系1994年在建设部科学技术司立项，2002年建设部科学技术司鉴定其为国际先进水平。2001年主持设计的全国第一栋复合结构体系住宅在青岛竣工。该项目从1992年开始即进行了大量的科学试验和理论研究，其中1998年在西安建筑科技大学重点工程实验室进行了7层楼1/2模型拟动力抗震试验，按7度抗震设防设计的复合墙结构体系通过了10度地震烈度的考验，试验取得了圆满成功，建设部科学技术委员会为这次试验的成功专门召开了全国抗震试验现场会，来自全国20多个省市的领导、专家对该结构体系给予了很高的评价，并在全国15个省市自治区编制了国家行业标准，在全国推广应用超过2亿$m^2$，建设部指定在汶川、玉树等地震灾区应用，进一步明确了计算方法和相应的构造措施，开创了结构和节能一体化的先河。

目前，复合结构体系已形成了抗震性能、理论分析、设计计算方法、技术经济指标等一套完整的设计理论、设计公式、构造措施和施工验收规程等资料。

复合结构是一种新型保温隔热的承重复合剪力墙结构体系，由复合剪力墙和实体剪力墙或异形柱组成。该体系具有保温、节能、自重轻、抗震性能好、经济合理、技术先进等优点。

复合结构体系综合运用了目前世界住宅建筑的最新科技成果，并进行了创新。采用国际公认的先进建筑材料，做到了轻质、高强、节能、环保，是21世纪住宅结构的最佳形式，符合国家墙改节能政策，必将对节约耕地、保护环境、抗震节能、提高人民居住和生活水平、实现可持续发展和发展国民经济产生巨大影响。

复合结构体系与普通混凝土剪力墙结构相比，创新之处体现在以下几点。

（1）发明了一种受力的复合墙板。复合墙板作为该体系的核心是一种新的承重剪力墙，它有2层或3层钢筋焊接网用斜插钢筋焊接成空间骨架，中间加聚苯乙烯类保温材料形成复合网架板，内外两侧浇筑混凝土后形成复合受力墙板。

（2）发明了一种复合网架板。由2层或3层钢筋焊接网用斜插钢筋焊成空间骨架，中间加以聚苯乙烯类泡沫保温材料形成空间网架板，两侧焊接钢筋网是混凝土墙的分布钢筋，复合板两侧混凝土层由水平插筋连接，水平插筋运用了网架结构原理，从而使两侧混凝土能够有效协同工作、共同受力。

（3）将保温效果好的聚苯类板材有机地组合于两层混凝土墙之间，使建筑节能措施达到了与建筑物同寿命的效果，同时解决了保温防火的难题；采用免振捣混凝土解决了振捣过程中的人为质量问题及扰民问题。

该结构体系延伸应用于国防工程领域，形成复合混凝土抗爆墙，解决了军事防爆工程及人防工程超厚墙设计施工难题，可节约大量资金。

综上所述，复合墙板及由此形成的结构体系具有很高的承载能力和一定的延性以及优良的抗力和抗震性能。

# 高文皂

中共党员，河北省徐水县人，1970年毕业于清华大学土木建筑系暖通专业，毕业后曾在施工单位从事现场土建施工7年，在设计单位从事结构设计41年。

基础和专业理论扎实，具有宝贵的现场施工经历，通过多年的设计实践和刻苦钻研，积累了丰富的设计经验和解决实际问题的能力，终成结构专业学术带头人和设计大师。

**社会任职**

1992年任河北省土木建筑学会工程抗震学术委员会秘书长，2003年起任副主任。1997年任河北省工程建设标准评审委员会委员、河北省建设工程抗震审查专家委员会委员、《河北建设科技与勘察设计》杂志编委、石家庄市专家咨询服务团成员、中国高效预应力混凝土技术发展与推广委员会委员。1998年任河北省土木建筑学会理事，2008年任常务理事。2001年任首届河北省超限高层建筑工程抗震设防审查专家委员会副主任，第二届、第三届任委员。2003年任河北省土木建筑学会建筑结构学术委员会主任委员、河北省土木建筑学会建设工程诊治学术委员会常务委员。2004年任河北省土木建筑学会科技情报网副主任委员、河北省土木建筑学会总工程师联谊会常务理事。2012年任石家庄市工程勘察设计咨询业协会结构工作部副主任。2014年任河北省土木建筑学会结构工程学术委员会名誉会长。2016年任河北省工程勘察设计专家委员会成员。

**主持工程情况及荣誉**

主持完成的多个工程项目获优秀设计奖，多项课题获科技进步奖，多篇科技论文获优秀论文奖。

根据其工作表现，石家庄市委、市政府授予其市管专业技术拔尖人才称号，河北省工程勘察设计咨询协会授予其河北省勘察设计行业终身成就奖，河北省住房和城乡建设厅、河北省人力资源和社会保障厅授予其河北省工程勘察设计大师称号。

多年主持河北省土建学会建筑结构学术委员会的工作，为河北省结构专业的进步和发展做出了贡献。现仍作为河北省工程勘察设计专家委员会成员以及河北省超限高层建筑工程抗震设防审查专家委员会委员，为河北省的建设事业付出心血。

**单位评价**

高文皂在石家庄市建筑设计院任总工程师多年，现为河北拓朴建筑设计有限公司技术总监。

该同志毕业于清华大学，基础理论和专业功底扎实，技术水平精湛，工作严谨认真，设计精益求精，具有丰富的设计经验和解决实际问题的能力，加之其刻苦钻研、勇于实践、不断探索和创新，已成为河北省结构专业的学术带头人和设计大师。

为提高单位的专业技术水平和设计质量，他主导落实了全过程质量管理，创建并完善了技术和质量管理体系，规范了设计项目运行流程。对重大复杂项目严格把关，对年轻设计师言传身教。

除本职工作外，积极参与河北省工程建设行业的社会活动。组织恢复了河北省土木建筑学会建筑结构学术委员会并连任三届主任委员（现任名誉会长）；任首届河北省土木建筑学会工程抗震学术委员会秘书长（现任副主任）；任首届河北省超限高层工程抗震设防审查专家委员会副主任(现任委员)。

由于多年的工作业绩，获石家庄市专业技术拔尖人才称号、河北省勘察设计行业终身成就奖、河北省首批工程勘察设计大师称号。

高文皂 ○

# 由“必然王国”迈向“自由王国”<br>懵懂少年·清华才子·结构大师

**引言**

高文皂，男，1946年4月出生，河北省徐水县人，毕业于清华大学土木建筑系暖通专业，多年来主要从事建筑结构设计工作。作为结构专业学术带头人，被授予河北省首批工程勘察设计大师称号、河北省勘察设计行业终身成就奖和石家庄市专业技术拔尖人才称号。

一个农村出来的懵懂少年，高考时需分专业都不懂，居然考取了中国最高学府；暖通专业的毕业生，却成为结构专业学术带头人和设计大师。

以下简单介绍高文皂的别样人生。

**一、步入清华园**

1965年，出身徐水农村的懵懂少年高文皂，收到印有“欢迎你，清华园的新主人”醒目标题的录取通知书，实现了高考的第一志愿：清华大学土木建筑系。到校后，被分配到暖通专业学习。填报志愿时只知土建系是盖房子的，不懂得还要分专业。至于为何被分配到暖通专业，多年也未思考。最近经同学的提醒才悟出原委：高考物理双满分（标准试卷100分，附加题20分），正是学习暖通专业的必要条件。

清华园新成员（1965年）

清华大学百年校庆（2011年）

**二、施工七年**

1970年3月毕业后被分配到石家庄市第二建筑公司。根据单位生产需要，没有被安排到水暖电设备施工队，却在土建施工队从事土建施工工作。从此远离暖通专业，从事更接近于结构专业的土建施工工作，一干就是7年。

作为国家培养多年的大学毕业生，不能满足于当个好工长，应有更高的追求。“高等数学”是最基本的基础课程，为此翻出教科书和笔记本，挤出时间从头到尾将其再复习了一遍。

数学教材及笔记

施工单位的基本原则是照图施工，不能走样，也没有必要考虑其设计原理。但是只有理解其设计原理，才能解决工程中各种复杂的实际问题。“不但知其然，必须知其所以然”是其始终坚持的准则（包括以后的设计工作）。要知所以然，就要溯本求源，需要有专业理论作支撑。其本来就是改行的，专业知识只能从头学。当时正赶上清华大学老师带领工农兵学员来石家庄实习，就在工地上与老师和学生深入探讨技术问题。1973年结构专业规范修订，清华大学老师讲解了各项1974年版结构专业新规范。机会难得，其结合实际如饥似渴地学习，为以后的设计工作打下了一定的理论基础。

7年的施工经历，积累了宝贵的实践经验；结合实际，刻苦学习，储备了一定的专业理论，为下一步的设计工作打下了基础、储备了能量。

### 三、结构设计起步

1977 年 5 月，高文皂被调入刚刚成立的石家庄市建筑设计院，从此开始了 41 年的设计生涯。

设计院领导安排他从事本专业的暖通设计。他本人认为，自己已改行 7 年多，也已 30 多岁，人生能有几个 7 年，改来改去可能将一事无成。7 年多的土建施工经历应该也是一笔宝贵的财富，并且还跟清华大学老师学过结构专业规范，做结构设计更符合实际条件。最终领导批准了他的要求，从此开始了艰难的结构专业设计生涯。

### 四、二次充电

真正站在图板前，才体会到设计工作的艰辛。一无专业知识，二无设计经验。边干边学，设计任务仍不能耽误。当时是人工画图、手工计算，每一步计算及每一笔绘图，都要有专业和基础理论作支撑。怎么办？没有捷径，只有一个字：学！白天向老前辈学、向规范学，晚上向书本学。为打好基础，翻出在校学习的数学和力学笔记，结合实际重新学习、消化。

基础课和专业课笔记

当时，一家 4 口住在一间 14 $m^2$ 的宿舍，除床外只能放火炉、炊具和自行车。晚上，妻子和孩子睡熟后，他才能坐上小板凳，书本放床板上，在屋顶 8 W 的日光灯下学习，每天到一两点。就这样，将《材料力学》反复学习两遍，将《结构力学》反复学习二遍，越学收获越大。另外，结合结构设计实际，自学了《工程数学——变分法》。

力学教材

自学教材

1979 年，河北广播电视大学开播，其中有一门“高等数学”课，由北京大学老师授课。为二次充电，高文皂作为正式学员进行了学习。“高等数学”这门课，14 年前听清华大学老师讲授过一遍，后在建筑公司和设计院自己各复习一遍，如今再听北大老师讲授一遍。关于基础课的重要性，蒋南翔校长“猎枪与干粮”的比喻让人受益终生：“在漫无人烟的森林里，给你再多的干粮不如给你一支猎枪。”更令人欣喜的是，课程中增加了结构分析必备的“线性代数”“概率统计”“复变函数”以及“场论”等内容。机会难得，必须珍惜。听课、作业、考试，完全按规定完成，并获得全设计院唯一一张电大单科结业证书。

结业証书

学员高文皂系河北省衡水县(市)人，现年三五岁，于一九七九年十月入本校数学单科学习，学业期满，成绩及格，准予结业。

河北广播电视大学

校长

一九八一年十二月

电大教材和结业证书

**五、思考、理解、进步**

基础课的学习是在业余时间。作为专业"跳槽"人员，更重要的是结合工程设计实际学习专业理论，特别是各本结构规范。高文皂对学习规范的态度是：一要认真，二要理解。所谓理解，就是要明白其规定的原理。只有了解其原理，才能正确执行，面对复杂棘手的问题才能找到解决的途径。还是那句话：知其然，知其所以然。

石家庄火车站站前广场地下人防Ⅱ期工程，为单建式五级人防，双层结构，且上下两层为不同的防护单元。此类工程当时在全国为首例，对中间楼板的荷载取值，规范尚无规定。请教多名专家，均认为楼板在地下防护单元内不承受冲击波，可只取活荷载，最多 300 kg/m²。高文皂反复斟酌后认为，中间楼板上下两侧分属不同的防护单元，在战时的作用与防护单元间隔墙相同，唯一的区别是，一个为竖向构件，另一个为水平构件。荷载取值应相同，故按 10 t/m² 设计。后来，1994 年版规范的"2003 年版"，增加了多层防空地下室的规定，其中间楼板的荷载取值正是 10 t/m²。

石家庄火车站站前广场地下人防Ⅱ期工程

多问几个为什么，会避免重大设计事故的发生。几十年来，在设计工作以及对青年工程师的培养管理中，始终强调这一原则：事事多思考，要溯本求源，要多问几个为什么；学习和执行规范，不但要知其然，更重要的是知其所以然。只有这样，才能融会贯通，才能圆满解决复杂技术问题，才能提高专业技术水平。长此以往，坚持始终，才能实现从"必然王国"到"自由王国"的跨越，才能当专家、当大师。

**六、敢为人先，设计创新**

人类社会进步的历史，就是不断变革创新的历史，创新是社会发展的动力。1970—2018 年，高文皂参加工作 49 年，其中 42 年从事结构设计，在建筑结构方面积累了丰富的工作经验。以敢为人先、大胆创新的精神，成为一位名副其实的专家型人才。他见证了河北建筑设计事业的发展，并为此付出了自己大半生的心血。

1．开创多个"首次"，为河北建筑插上五彩之翼

（1）1979 年，设计河北省第一个板式旋转楼梯——石家庄新中国电影院旋转楼梯。当时的楼梯均为平板或直梁形式，仅有的旋转楼梯为梁式，截面大，且笨重。板式旋转楼梯外观轻巧，受力合理。

（2）1988 年，完成了当时全国跨度最大的双层双曲网壳结构——石家庄新华集贸市场Ⅲ期工程。

新华集贸市场双层双曲网壳结构施工现场（左起李兵武、夏亨熹、高文皂）

（3）1991 年，设计完成河北省第一个旋转餐厅——正定瑞天大厦旋转餐厅。

（4）2002 年，采用现浇空心板及无黏结预应力技术，设计完成跨度为 21.6 m 的单跨单向现浇楼板结构设计——54 所餐饮厅。

多个"首次"是他无数个日夜的坚守，无数次智力的投入，加速了省会城市的旧貌换新颜，为河北建筑插上五彩之翼。

2．大胆假设、小心求证，以创新方法设计优质工程

1989 年，高文皂负责石家庄火车站站前广场地下人防Ⅱ期工程设计。除前述中间楼板荷载取值问题外，尚有以下几项创新。

（1）按当时《钢筋混凝土结构设计规范》（TJ

10—1974）对无梁楼盖的抗冲切要求，顶板需 700 mm 厚。采用陈肇元院士的科研成果，加设抗冲切钢筋，顶板厚减为 450 mm，仅顶板混凝土用量就减少 5 000 $m^3$。

（2）长 200 m、宽 100 m 的现浇钢筋混凝土地下结构未设伸缩缝，多年使用无裂缝，其科研课题获石家庄市科技进步二等奖。

（3）为不影响人流密集的站前广场正常使用，石家庄市政府决定采用逆作法施工（施工顺序自上而下，首先浇筑顶板混凝土，广场投入使用，而后掏土并顺序施工负一层、负二层和基础，此为河北省首例）。结构设计必须满足逆作法施工工艺，如楼板与柱的连接、最后浇筑外墙、室外无基础底板、基础偏心过大等。

问题逐一解决，并取得丰硕成果。“以桩代柱、节点填砂及长螺旋箍筋研究应用”课题获河北省建设行业科技进步一等奖；“大型地下工程钢筋混凝土大面积顶板及底板采用微膨胀混凝土后浇带代替伸缩缝设计与施工的研究应用”课题获石家庄市科技进步一等奖；逆作法施工工艺获省长特别奖。

3.精心设计，创建优秀工程

与其他专业密切配合、精心设计，一座座佳作在河北大地上拔地而起。

其中，主持设计的项目获省级一等奖的有：

（1）天府花园酒店及新华书店发行中心；

（2）石家庄广播电视局采编播综合业务大楼；

（3）日本鸟取县燕赵园；

（4）石家庄解放纪念碑；

（5）辛集国际皮革城；

（6）正定华府名邸；

（7）正定小商品市场Ⅲ期。

## 七、临危受命、应急处理，圆满解决复杂技术问题

在高文皂的职业生涯中，除了完成本职的建筑设计工作外，还担负着一个结构大师的社会责任。

在石家庄北国商城主入口顶部擦窗机网架坠落事故、石家庄棉三住宅楼等四起爆炸案件、石家庄桥东污水处理厂 1# 蛋形消化池施工模板崩塌事故等应急事件中，受职能部门委托，放下手头的设计工作，全身心投入以上复杂技术的应急鉴定、分析和处理，出色地完成了任务。对此，高文皂深有体会：“只有拥有扎实的专业基础知识，才能发现问题、看到本质。不仅知其然，而且知其所以然，才能解决复杂问题。”

## 八、社会责任

高文皂除了完成本单位的工作外，也肩负了较多的社会责任。

1992 年任河北省土木建筑学会工程抗震学术委员会秘书长，2003 年起任副主任。

河北省土建学会工程抗震学术委员会成立大会

1997 年任河北省工程建设标准评审委员会委员、河北省建设工程抗震审查专家委员会委员、《河北建设科技与勘察设计》杂志编委、石家庄市专家咨询服务团成员、中国高效预应力混凝土技术发展与推广委员会委员。

标准评审

1998 年任河北省土木建筑学会理事，2008 年任常务理事；2003 年任河北省土木建筑学会建筑结构学术委员会主任委员、河北省土木建筑学会建设工程诊治学术委员会常务委员。

2001年任首届河北省超限高层建筑工程抗震设防审查专家委员会副主任，第二届、第三届任委员。

2004年任河北省土木建筑学会科技情报网副主任委员、河北省土木建筑学会总工程师联谊会常务理事。

2012年任石家庄市工程勘察设计咨询业协会结构工作部副主任。

2014年任河北省土木建筑学会结构工程学术委员会名誉会长。

2016年任河北省工程勘察设计专家委员会成员。

**九 、政府表彰**

高文皂近50年在工程建设上的突出贡献和40多年设计工作的优秀成绩，不仅得到同事和同行的高度赞扬，职能部门和领导机构对其成就也进行了表彰。

石家庄市委、市政府授予其市管专业技术拔尖人才的称号。

河北省工程勘察设计咨询协会授予其河北省勘察设计行业终身成就奖。

河北省住房和城乡建设厅、河北省人力资源和社会保障厅授予其河北省工程勘察设计大师称号。

**十、老骥伏枥，志在千里，壮士暮年甘奉献**

高文皂一如伏枥之老骥壮心不已，至今仍然为河北建筑设计事业的发展做着奉献。

他于2005年退休，现仍奔波在设计和工程建设第一线。他说，校长蒋南翔交给我们的任务是“健康地为祖国工作50年”。我现在是第49年，还没完成任务。

高文皂对工程建设仍十分关注并积极参与，现仍担任河北省土木建筑学会理事、河北省土木建筑学会结构工程学术委员会名誉会长、河北省工程勘察设计专家委员会成员、河北省超限高层建筑工程抗震设防审查专家委员会委员。

退休后，在河北拓朴建筑设计有限公司任技术总监，为提高单位整体专业技术水平和设计质量，落实全过程质量管理，创建并完善了技术和质量管理体系，规范了设计项目运行流程。

对重大复杂项目严格把关，对年轻设计师孜孜不倦、言传身教。他谆谆指导结构工程师，要注重概念设计，不能成为电脑的奴役；规范要学习、要执行，更重要的是理解；要知其然，更要知其所以然，明白了道理才能解决问题，才能提高和进步。

当谈到对建筑结构专业的看法与展望时，高文皂满怀憧憬地说：“建筑结构专业是一个很大的学科，它具有科学性、应用性、实践性、复杂性、创新性等特点。以后的建筑会越来越高，跨度越来越大，新型的结构形式会越来越多。唯有创新，才能够使建筑结构设计有所发展和进步，一个创新的设计理念将会使一个结构方案更加完善。创新从哪里来，从学习中来，从实践中来！”

虽已年过七旬，他仍经常深入建设单位和施工现场，现场解决问题。利用多年的设计和施工经验，解决施工中出现的难题。室主任吴翼亮说：“现场泥泞，十几米深的地槽，甲方人员都不敢下去，高总却第一个往下爬。我们敢不下去吗？”

“我跟高总在一起工作十多年，他总是把工作放在第一位，把关心同志放在第一位。他不怕困难，敢于挑战，总是给我们讲：只能为成功找方法，不能为失败找理由。我们从他身上学到很多很多，他的这种精神一直激励着我们。”

“暖通专业的结构大师，这一条，就足以让我折服了”，拓朴实习生说。

经过41年的结构设计，高文皂做到了“设计天下，建筑人生”，他带领和培育的一批批专业技术人才的共同感受是：高总身上没有名牌大学生的傲气，没有严厉逼人的锋芒。但是，总有一股力量在影响着身边的人，这股力量是俯下身子忘我的钻研业务，是面对困难时的坚忍不拔，是对新理念、新知识的渴求，是对新人的知无不言、言无不尽，是德才兼备的真正的大师！

设计天下，建筑人生

## 石家庄广播电视局采编播综合业务大楼

建设地点：河北省石家庄市
建筑面积：近 47 252 m$^2$
设计/竣工：2006 年/2008 年
获奖情况：河北省优秀工程勘察设计一等奖

本工程主楼地下 2 层、地上 24 层，裙楼地下 2 层、地上 5 层。主楼高 99.9 m，采用框架－核心筒结构、筏形基础，抗震设计按重点设防类考虑，针对某些使用部位载荷重且构件跨度大的实际情况，9 ~ 21 层的框架梁采用有黏结预应力梁，9 ~ 16 层的楼板采用无黏结预应力空心楼板，演播厅采用四角锥空间钢网架。

# 日本鸟取县燕赵园

建设地点：日本鸟取县

设计/竣工：1993年开始在中国制造，1994年组装，经日方验收合格后起运；1995年现场建造完成，剪彩开园

获奖情况：河北省优秀工程勘察设计一等奖

本工程为日本最大的中国古典皇家园林建筑，由石家庄市建筑设计院设计和总承包建设。本项目采用明清官式建筑大木作范式，斗栱梭柱，飞檐起翘，楼台亭阁、轩馆斋榭绕湖而建，曲廊回环，大小建筑穿插渗透，融于山水之间，建筑构件采用中国古代营造法式，卯榫连接。

## 石家庄解放纪念碑

建设地点：河北省石家庄市
设计 / 竣工：1984 年 / 1986 年
获奖情况：河北省优秀工程勘察设计一等奖

石家庄（石门）是全国解放的第一座大城市，为纪念石家庄解放 40 周年，河北省政府决定修建石家庄解放纪念碑。主碑高 33 m，碑座高 3 m。主碑中央由 7 块高低错落的板式碑体构成，其中 5 块形似枪刺直向云天，下部 2 块形似被打开的石门，喻示石家庄解放。碑文台正面是聂荣臻元帅亲笔题词，左侧花岗岩石上雕刻有朱德总司令的律诗《攻克石门》。

碑体布置复杂，当时结构计算均为手算。设计人员将碑体分割为多质点结构体系，用人工迭代法进行抗风和抗震验算。

## 石家庄天府花园酒店及新华书店发行中心

建设地点：河北省石家庄市
建筑面积：53 077.4 $m^2$
设计 / 竣工：1998 年 / 2001 年
获奖情况：河北省优秀工程勘察设计一等奖

本工程地下 2 层、地上 22 层，高 84.45 m，采用框架－剪力墙结构，位于石家庄市黄金地段，由酒店和书店两座独立的建筑物组成，但视觉上却是一座上凸下凹、曲面流畅的整体建筑，二者连接自然妥帖，毫无接缝痕迹。两栋建筑虽用结构缝完全分离，以避免其沉降差异而破坏立面效果，但基础为整体筏板。

## 辛集国际皮革城

建设地点：河北省石家庄市
建筑面积：187 026 $m^2$
设计/竣工：2011 年/2013 年
获奖情况：河北省优秀工程勘察设计一等奖

本项目位于“中国皮革之都”辛集的主城区，总投资 12.6 亿元，是国家五星级市场，是中国北方唯一以皮革为主题的 4A 级购物旅游景区。建筑采用弧形钢构丰富幕墙设计，使建筑在主旋律基础上富于变化，如同凝固的音乐一般。结构采用少墙框架解决位移和扭转问题，中间区块为 118 m × 102 m 超长混凝土结构，采取各种技术措施保证使用阶段无裂缝产生。

## 正定华府名邸

建设地点：河北省石家庄市
建筑面积：193 333 $m^2$
设计/竣工：2007 年/2009 年
获奖情况：河北省优秀工程勘察设计一等奖

本项目位于正定中心城区北部，为正定城区内最高端的住宅项目，由 2 栋塔式高层住宅楼、5 栋板式高层住宅楼及公共配套设施组成。居住区的住宅布局以均好性原则为出发点，住宅楼长短不一、错落相间，形成一个较大的中心庭院。在居住区增强各个不同组团的可识别性，强化居民在自身庭院空间内的归属感，在布局上体现从半公共空间到半私密空间的过渡。主楼采用钢筋混凝土剪力墙结构，地下车库采用预应力无梁楼盖结构，柱托板上翻，降低结构层高，同时解决超长结构抗裂问题。

## 正定小商品市场Ⅲ期

建设地点：河北省石家庄市正定县
建筑面积：436 464 $m^2$
设计/竣工：2009年/2011年
获奖情况：河北省优秀工程勘察设计一等奖

本工程为大型商业综合体，是石家庄市正定县的地标性建筑，综合采用10余项新技术，为建筑行业科技化发挥了积极的推广作用。商业裙房屋面的角部最大外挑15 m，采用预应力技术满足建筑造型的需要，同时悬挑梁采用抗震性能化设计；商业裙房为超长结构，采用PMSAP软件计算分析温度应力对结构的影响，并采取有效的混凝土抗裂措施；商业裙房采用少墙框架结构体系，提高建筑物的抗震性能。施工阶段，在新技术应用方面给予悉心指导和技术支持，材料、设备严格把关，确保新技术实施。

## 石家庄图书馆

建设地点：河北省石家庄市
建筑面积：10 928 m$^2$
设计/竣工：1987 年/1991 年
获奖情况：河北省优秀工程勘察设计二等奖

为满足广大市民读书学习的强烈需求，石家庄图书馆对除书库以外的建筑进行了拆除重建。本工程共 7 层，高 36 m，采用钢筋混凝土框架结构，结构布置合理、安全、适用，中庭共享空间顶部支撑采光窗的螺栓球钢网架轻巧美观，采光效果好，为读者提供了舒畅的活动空间。

## 丰辉大厦

建设地点：河北省石家庄市
建筑面积：62 626.4 m$^2$
设计/竣工：2004 年/2007 年
获奖情况：河北省优秀工程勘察设计二等奖

本工程地下 3 层、地上 26 层，高 98.8 m，采用框架-剪力墙结构、筏形基础。建筑物立面简单庄重，与周围建筑物协调，结构布置合理，安全适用。

## 石家庄二中润德学校

建设地点：河北省石家庄市
建筑面积：121 000 m$^2$
设计/竣工：2014 年/2017 年

本工程为润德集团与石家庄二中教育集团共同打造的高品质教育中学，学校内拥有教学楼、体育馆、报告厅、科学艺术楼、综合楼、宿舍、食堂等建筑，功能完善。体育馆为框架－剪力墙结构，顶层为网架；其他为框架结构。结构设计完美解决了教育建筑功能复杂、造型新奇的需求。体育场看台采用膜结构，流线自然，富有时代气息。

## 石家庄市政府办公楼

建设地点：河北省石家庄市
建筑面积：25 000 $m^2$
设计/竣工：1993 年/1995 年

本工程地下 1 层、地上 22 层，高 80 m，采用框架－剪力墙结构。建筑物立面简洁、大方，结构布置合理，梁、柱尺寸适宜，适用性强，安全可靠。为满足主入口的大跨度要求，采用整层高的托柱转换大梁。

## 正定瑞天大厦

建设地点：河北省石家庄市正定县
建筑面积：14 000 m²
设计/竣工：1991年/1993年

本工程由框架结构的5层商场和外圆内方的剪力墙结构的8层塔楼共同组成整体商业建筑，采用钻孔灌注桩基础。外塔楼顶部为旋转餐厅，外钢筋混凝土圆筒简化为正多边形封闭剪力墙结构进行抗震验算。

## 胜北国际鞋城

建设地点：河北省石家庄市
建筑面积：9 851 m²
设计/竣工：2006 年 / 2008 年

本工程地下 3 层、地上 27 层，高 95.7 m，采用框架 - 核心筒结构，立面简单、规则、新颖。两座塔楼在 21 层和 22 层由大跨度钢桁架相连，形成“大底盘—双塔楼—连体”的复杂高层建筑。

## 东铁大厦

建设地点：河北省石家庄市
建筑面积：97 083 $m^2$
设计/竣工：2003 年/2006 年

本工程地下 2 层、地上 27 层，高 98.8 m，采用框架－剪力墙结构，旋挖钻孔灌注桩基础，属“大底盘—双塔楼”复杂高层建筑。结构专业精心设计，既保证了房屋安全，又节省了投资，得到了建设单位的高度赞扬。

## 石家庄人民商场

建设地点：河北省石家庄市
建筑面积：40 000 m$^2$
设计 / 竣工：1999 年 / 2001 年

本工程地下 2 层、地上 7 层，高 38 m，采用钢筋混凝土框架结构，分两期建设。因先期建设部分层高较小，为后期建筑的设计造成很大困难。结构专业采用宽扁框架梁，既满足了设备管道布置需求，且控制了层高，减小了两期工程楼板的高差。本工程 4 层通高共享空间大厅 16.2 m 跨无柱、无梁，采用钢筋混凝土现浇筒支单向空心板结构。

# 习朝位

1983年8月毕业于河北工学院（现河北工业大学），国家一级注册结构工程师，正高级工程师，现任河北建筑设计研究院有限责任公司副院长、总工程师。2009年获河北省勘察设计行业具有行业影响力人物奖，2010年获河北省有突出贡献中青年专家称号，2011年获首批河北省工程勘察设计大师称号，2013年获当代中国杰出工程师称号，2014年获全国勘察设计行业科技创新带头人称号，2015年获评中国工程建设标准化年度人物，2017年获全国住房和城乡建设系统劳动模范荣誉称号。

**社会任职**

任中国土木工程学会理事，中国建筑学会抗震防灾分会村镇绿色建筑综合防灾专业委员会委员，中国勘察设计协会抗震防灾分会常务理事，中国勘察设计协会全国隔震减震专家委员会委员，河北省工程勘察设计咨询协会监事会主席，河北省工程建设标准化协会会长，河北省土木建筑学会秘书长，河北省土木建筑学会结构工程学术委员会会长，河北省土木建筑学会工程抗震学术委员会副主任委员等职务。

**主持工程情况及荣誉**

主持指导复杂高层建筑结构设计几十项，各类工程结构设计1 000余项，荣获国家、住建部、河北省优秀工程勘察设计奖18项。主持、指导、审查各类标准100余项。作为主持人、主要参加人共完成科研课题16项，获河北省科技进步二等奖2项、三等奖2项，河北省建设行业科技进步一等奖13项。多项课题研究成果填补了国内空白，达到国际先进和国内领先水平。

**学术成果**

在国家级期刊发表论文6篇，国家级以上学术会议上发表论文12篇，主编《高层建筑抗震设计研究工程实例》一书；主持及组织技术创新100余项；发明专利1项，获得实用新型专利授权5项；参与研发 “建筑与结构分析一体化信息模型系统V1.0”软件，并获得国家版权局计算机软件著作权登记证书。

**单位评价**

习朝位同志自1983年大学毕业后一直在河北省建筑设计研究院（现河北建筑设计研究院有限责任公司）工作至今。在近40年的工作中，他孜孜以求、勇于创新，在工程设计中始终注重技术创新设计研究，对复杂结构工程、大跨空间结构、大跨预应力结构、套建改建高层建筑、高强钢筋应用、建筑抗震与减隔震、装配式结构、钢结构、BIM技术等开展了卓有成效的设计研究，在标准化建设方面也取得了丰硕成果。

他在实际工程设计中，善于将理论与实践相结合，学以致用、融会贯通，不拘泥于规范，善于创新，大胆实践；在工程技术研究方面，把握前沿，日雕月琢，尤其潜心于复杂高层建筑结构研究及新技术的工程应用，在套建高层建筑技术方面取得了一定成绩。

他对工程设计高度负责，既是单位的技术领头人，又是工程的承担者和实践者，在结构设计领域勤奋耕耘、勇攀高峰，为建筑结构设计与研究做出了突出贡献。

习朝位 ○

# 自传及业绩

## 一、履历

本人自1983年8月从河北工学院（现河北工业大学）大学毕业分配至今，一直在河北省建筑设计研究院（现河北建筑设计研究院有限责任公司）从事建筑工程结构设计与研究工作，1999年4月任副总工程师，2002年12月晋升为正高级工程师，2006年10月任结构专业总工程师，2009年10月任院总工程师。

主持指导复杂高层建筑结构设计几十项，各类工程结构设计1 000余项，荣获国家、住建部、河北省优秀工程勘察设计奖18项，2017年获全国住房和城乡建设系统劳动模范荣誉称号。

在工程设计中注重技术创新研究，作为学术带头人，主持或主研科研课题16项，获河北省科技进步二等奖2项、三等奖2项，河北省建设行业科技进步一等奖13项。多项课题研究成果填补了国内空白，达到国内领先和国际先进水平，在高强钢筋应用研究方面取得了很大成绩，近年主持和组织开展技术创新成果100余项；鉴于在科技创新领域的突出贡献，2014年获全国勘察设计行业科技创新带头人称号。

主持、参编、指导和审查了各类标准100余项。参编了国家规程《消能减震加固技术规程》《热轧带肋高强钢筋在混凝土结构中应用技术导则》等；主持编制了华北六省区市12系列结构标准设计图集的《钢筋混凝土结构构造》（12G03）、《墙下条形基础》（12G05），河北省工程建设标准《装配式混凝土剪力墙结构设计规程》《装配式混凝土剪力墙结构建筑设备技术规程》《装配式混凝土结构施工及质量验收规程》《装配式混凝土构件制作与验收标准》《农村住宅建筑抗震设计规程》以及河北省装配式结构设计图集《剪力墙结构钢筋混凝土叠合板》《预制钢筋混凝土板式楼梯》等。这些标准的制定，为推动河北省建筑产业化发展、建筑行业节能减排和调整结构转型升级起到了积极的推动作用，2015年获评中国工程建设标准化年度人物。

主编的《高层建筑抗震设计研究工程实例》一书，是从公司完成的1 000余栋高层、复杂高层、超高层建筑设计和研究项目中，撷取具有代表性的设计和项目研究36项撰写而成的，包括项目研究6项、混凝土结构设计25项、钢结构设计5项。建筑功能涵盖办公、居住、商业、教育、医疗、体育等，结构形式涵盖超高层、大跨连体、大跨悬挑、套建结构等。该书结合国内结构设计的最新成果和现行有关规范、规程，从结构方案、计算分析、优化设计、技术创新、加强措施等方面进行了详细阐述剖析，数据翔实、图文并茂，对同类工程的设计、研究以及施工具有一定的参考作用。

发明专利1项，获得实用新型专利授权5项，分别是《适用于多层建筑外套建的高层建筑结构》（ZL 2017 2 1830198.1）、《高层建筑室内下沉空间基础结构》（ZL 2017 2 1824395.2）、《大跨度空间结构用基础桩》（ZL 2017 2 1830079.6）、《套建建筑基础结构》（ZL 2017 2 1830196.2）、《套建建筑下延续建连接节点》（ZL 2017 2 1830080.9）；参与研发了“建筑与结构分析一体化信息模型系统 V1.0”软件，并获得国家版权局计算机软件著作权登记证书。

## 二、工程设计与研究

### （一）大底盘、双塔楼、连体和带转换层的高层建筑抗震研究

为科学、合理地对复杂高层建筑结构进行设计，选取大底盘、双塔楼、连体和带转换层的框架－核心筒结构的高层建筑为研究对象，采用1：20结构模型进行地震模拟振动台试验，振动台为当时中国建筑科学研究院最新引进的国内最大振动台，同时又采用多种计算程序对16种工况进行了结构计算与试验数据分析对比，研究了随着大底盘层数、连体层数、连体位置和转换层高度的变化，其结构力学特性、特征和结构受力的变化规

抗震试验照片

律；大底盘、双塔楼、连体和带转换层的高层建筑随地震作用的强度变化，其结构主要周期变化规律、结构刚度变化规律和结构主要构件开裂变化规律、结构地震最大反应加速度变化规律；罕遇地震作用下，整体结构、连体、连体与主体连接部位等主要部位的破坏机理。其成果对复杂高层建筑抗震试验研究和设计具有重要的指导意义，确保了该类复杂高层建筑抗震设计的安全性和耐久性。“大底盘、双塔楼、连体和带转换层的高层建筑抗震研究”成果经专家委员会鉴定认为达到国际先进水平，科研成果获河北省科技进步三等奖、河北省建设行业科技进步一等奖。

某综合服务中心工程

**（二）超大跨连体高层建筑结构设计研究**

某综合服务中心工程总建筑面积 380 000 $m^2$。该建筑东西长 264 m、南北宽 234 m，建筑总高度为 56.6 m，地上 12 层、地下 2 层。根据建筑高低错落、功能及内部空间变化等特点，将其划分为 12 个结构单元，在第 9 和第 10 单元之间设置了 75.6 m 超大跨偏置连体，连体一侧带有 12.6 m 的悬挑，连体结构采用钢桁架结构。

本研究包括两项关键内容。

一是研究了超大跨偏置连体结构的风荷载变化特性。此类建筑结构风荷载研究很少，在设计中缺乏其风荷载设计资料，为科学正确反映风荷载情况，针对此连体结构进行了风洞试验研究。试验模型采用 ABS 材料压模制成，模型缩尺比为 1∶150，模型的总高度约为 0.38 m，纵向长约 1.77 m，横向宽约 0.99 m。风洞试验结果表明，风压值远超《建筑结构荷载规范》当地风压值。对结构进行风洞试验，分析作用于连体结构的风压分布规律及风压值，为结构设计提出比较准确的风荷载设计值，为该类结构设计风荷载取值提供了参考。

二是研究了超大跨偏置连体结构的抗震性能。针对本工程的偏置、超大跨连体及侧向带悬挑的工程特点，进行了“超大跨连体高层建筑结构应用研究”课题研究。研究内容包括：对整体结构受力性能进行分析研究；对双塔连体结构进行抗震性能分析及其地震作用下的动力

风洞试验

响应规律；地震作用下偏置连体结构的动力特性。对超大跨连体结构进行研究分析，确定连体两端与主塔楼合理的连接方式，提高整体抗震性能和连体结构自身的抗扭能力；分析结构抗震性能薄弱环节，并提出相应的加强措施等。

针对课题研究内容，专家验收意见认为研究成果达到国内领先水平。其中，风洞试验研究给出的风压分布规律和风压值，填补了该类型结构国家现行规范风压值的空白，具有创新性；针对连体框桁架结构与主体结构的特点，提出的伸入多跨的刚性连接方式，有效控制了连体侧向带悬挑结构的扭转；连体部位的框架柱、梁和楼板构造措施，保证了偏置连体结构整体性能。科研成果获 2018 年河北省建设行业科技进步一等奖。

**（三）西柏坡纪念馆改扩建设计研究**

西柏坡纪念馆改扩建工程是一项重要的政治任务，更是一项复杂的结构工程技术研究。原西柏坡纪念馆工程结构形式分为砖混结构、框架结构及内框架结构，工程于 1976 年设计，结构设计和施工的依据是 1974 年版规范，至今已经历了 1989 年版和 2001 年版两次规范的较大变化，在结构设计安全度和耐久性等方面要求都有大幅提高。该建筑位于山坡地，地质情况非常复杂，有强风化岩、黏性土、杂填土及旧建筑基础等，地基持力层分布极不均匀，有的杂填土部分深达 8 m 以上，并受原保留建筑影响，不能采用较大机械进行施工。

针对错综复杂的情况，基础设计根据地基变化、不同荷载和场地施工等现场实际，突破当时规范规定的一栋建筑中只能采用相同的基础形式，大胆提出该建筑采用多种基础形式，即独立基础、局部筏基、基础梁、条形基础、大直径人工扩底桩、小直径（400 mm）洛阳铲桩等基础大集合，很好地解决了结构基础设计和施工的具体问题。

同时，针对一栋建筑中拆除和保留部分进行了细致的分析和甄别，对保留下来的结构根据具体情况进行多种形式的加固处理：混凝土梁柱分别采用碳纤维片材加固和扩大截面法加固，砌体墙体采用水泥砂浆钢筋网片加固，钢屋架、钢檩条采用防锈防火处理等，使改造及扩建后的工程满足现行规范设计要求，同时使新建部分建筑与原有保留部分建筑达到了完美有效地结合，并取得了修旧如旧的良好效果。西柏坡纪念馆改扩建工程荣获全国建筑设计行业国庆 60 周年建筑设计大奖，感动河北工程设计成果奖，建设部优秀勘察设计三等奖，河北省优秀勘察设计一等奖。

**（四）河北建筑设计研究院有限责任公司科研办公楼设计与研究**

河北建筑设计研究院有限责任公司科研办公楼经历了套建和改建两个设计阶段，前后历时 20 多年，在两个设计阶段都倾注了大量心血和智慧。

西柏坡纪念馆改扩建工程

1974 年研究院砖混建筑

1. 砖混结构套建高层建筑

1994 年，在原有四层砖混结构（砌体结构）办公楼（1974 年建）之上套建了 6 层（局部 7 层）高层建筑，高度为 35.70 m，局部为 39.60 m，一层层高为 14.7 m，套建建筑跨度为 15.2 m。对于大跨度套建部分，经过多方案比较，采用无黏结应力混凝土桁架斜撑框架，有效解决了 15.2 m 大跨套建技术难点。利用东西新建两部分增设的剪力墙，与套建桁架斜撑框架形成桁架斜撑框架 - 剪力墙结构体系，有效解决了底部大空间、上刚下柔的建筑抗震不利问题；采用扩底桩基础和桩分步成孔、分步浇筑混凝土施工等措施，有效解决了套建基础施工安全和原建筑使用安全等技术难题；采用纵向带条形基础拉梁，并与原有建筑基础紧密结合，解决了横向框架柱间不能设置拉梁抵抗柱底弯矩和剪力的技术难题；采用四层砖混结构（砌体结构）的顶板作为套建结构一层梁模板的支撑，有效解决了套建结构一层梁支设模板浇筑混凝土的施工难题。

河北省建筑设计研究院科研生产作业楼套建（1995 年）

“砖混建筑套建高层技术”科研成果获河北省科技进步二等奖、河北省建设行业科技进步一等奖，该建筑套建设计荣获建设部优秀勘察设计三等奖、河北省优秀勘察设计一等奖。

2. 套建高层建筑改造抗震设计研究

在套建的基础上，2014 年又将套建内的原有四层砖混结构（砌体结构）拆除改建，在套建内增设两列框架柱以减小下部大跨度，并同套建高层连为一个整体，形成有效的抗震结构体系。通过采用小型机械工具解决了四层砌体结构拆除的难题；采用半逆作法施工解决了施工期间套建结构大跨度上刚下柔（从地下室底板起算，一层高度达 17 m）抗震不利的问题；利用敞开地下室的

一阶段工程套建剖面图

河北省建筑设计研究院科研生产作业楼改建（2015 年）

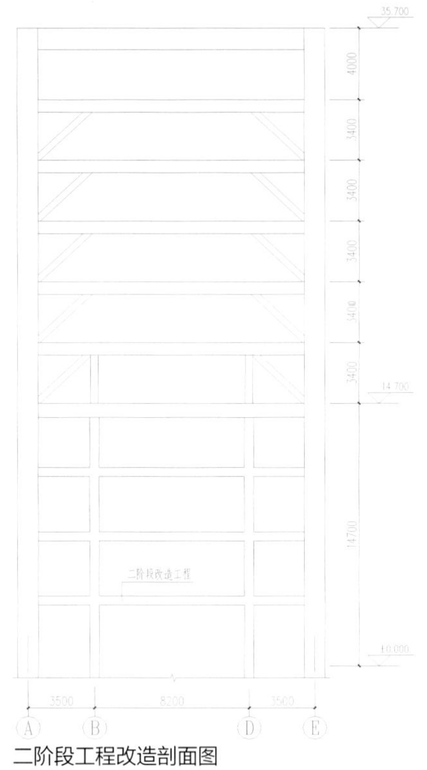


二阶段工程改造剖面图

筏板和侧墙组成 U 形结构和一层混凝土地面及基础拉梁形成“ ]_ᒥ ”形钢筋混凝土抗侧力系统，解决了敞开地下空间影响高层建筑嵌固、有效抵抗地震产生的水平力等技术难题。

“套建高层建筑改造抗震设计研究”科研成果获河北省建设科技进步一等奖，套建高层建筑改建设计荣获全国优秀工程勘察设计行业奖、建筑工程二等奖，河北省优秀勘察设计一等奖。

3. 套建技术获国家专利

迄今为止，砌体结构套建高层建筑并进行改建的整体技术在国内未见报道，这项技术为既有建筑改造开辟了一个新途径，取得了很好的效果。该技术目前已获得 4 项专利授权。

（1）《适用于多层建筑外套建的高层建筑结构》（ZL 2017 2 1830198.1）。

本专利提供了一种多层建筑套建高层建筑的建筑结构，以解决现有技术中存在的旧建筑拆除新建导致建筑垃圾处理难、异地搬迁安置难的技术问题。与现有技术相比，满足了在旧建筑正常使用的情况下，在旧建筑之上通过框桁架结构体系实现套建加层，达到原地增层扩建、就地安置的目的。该技术节省投资，符合绿色发展的理念，经济效益和社会效益显著。

（2）《套建建筑基础结构》（ZL 2017 2 1830196.2）。

本专利解决了现有技术中存在的在既有建筑毗邻新建建筑需加大二者基础间距而影响新建建筑平面布局及功能利用的技术问题。与现有技术相比，本专利通过在灰土基础的旧建筑基础外侧紧邻设置大直径灌注桩作为新建筑基础，灌注桩下端延伸至灰土基础下方土层内能够保证新建筑基础的承载力，无须加大旧建筑基础与新建筑基础间的距离，能够有效利用土地资源。

（3）《高层建筑室内下沉空间基础结构》（ZL 2017 2 1824395.2）。

本专利提供了一种高层建筑室内下沉空间基础结构，以解决现有技术中存在的因建筑基础埋深加大而带来基坑支护、基坑开挖、建筑回填等建筑投资增高的技术问题。与现有技术相比，本专利通过下沉底板、侧挡墙与楼板一体成形，中部的下沉底板与侧挡墙形成室内下沉空间，利用楼板四周的框架柱及其底部的灌注桩来增强下沉空间的水平抗侧力，能够有效解决现有技术的限制和制约，并有效节约建筑投资。

（4）《套建建筑下延续建连接节点》（ZL 2017 2 1830080.9）。

本专利提供了一种套建建筑下延续建连接节点，以解决现有技术中存在的新建建筑下延续建连接节点若处理不好存在安全隐患的技术问题。与现有技术相比，本专利连接节点通过在新建建筑的桁架立柱下方设置混凝土连接墩，并在连接墩的底部设置钢板作为预埋件，预埋件通过连接结构与上方桁架立柱和下方下延柱相连，保证了套建建筑下延续建连接节点结构受力的有效传递，满足新建建筑抗震受力的设计要求。

**（五）高强钢筋工程应用研究**

河北省是钢铁大省，产业调整转型升级任务重。本人始终以推动河北经济发展为己任，致力于实现河北绿色崛起，长期进行高强钢筋工程应用研究，在高强钢筋工程应用方面一直位于全国前列，率先编制了《HRB400级钢筋应用技术导则》《HRB500级钢筋应用技术导则》《HRB500钢筋应用技术规程》《CRB600H高强钢筋应用技术规程》，参编了国家规范《热轧带肋高强钢筋在混凝土结构中应用技术导则》（RISN-TG007—2009）。其中，《HRB500钢筋应用技术规程》和《CRB600H高强钢筋应用技术规程》均获得河北省勘察设计行业优秀标准设计一等奖。完成“HRB500钢筋在工程中的应用研究”，科研成果达到国际先进水平，获河北省科技进步二等奖、河北省建设科技进步一等奖。主持完成住房和城乡建设部科技计划项目“HRB400和HRB500钢筋在建筑工程中的合理优化应用研究”（2013-K1-30），研究成果达到国内领先水平，研究成果获河北省建设科技进步一等奖。

1. 开展了HRB400级钢筋工程应用研究，编制《HRB400级钢筋应用技术导则》

20世纪90年代，在结构设计中就开始注重节约材料、节约资源、节约能源，在工程中研究应用新技术、新材料。1998年起，积极推广400 MPa级钢筋。通过钢筋强度取值、裂缝宽度、锚固长度及部分拉锚试验研究，率先在石家庄燕港新村高层住宅建筑和方舟花园工程中应用400 MPa级钢筋，有效推动了河北省HRB400级钢筋的工程应用，取得了很好的效果，引领了国家在工程中应用HRB400级钢筋。在《施工技术》杂志上发表了《河北省HRB400级钢筋的推广应用与体会》，编制了河北省《HRB400级钢筋应用技术导则》。

2. 开展了HRB500级钢筋工程应用研究，编制《HRB500级钢筋应用技术导则》

进入2000年后，在400 MPa级钢筋应用的基础上又开始了500 MPa级钢筋的应用研究。此前，我国的工程应用钢筋都是低强度，如HPB235、HRB335等，按规范规定计算的结构构件承载力配筋与裂缝宽度验算配筋基本匹配，钢筋应力较小，对裂缝宽度验算配筋的影响有限。应用HRB500钢筋的突出问题：一是对强度设计取值较高，二是裂缝宽度验算结果对配筋影响较大。从钢筋受拉锚固试验到工程应用原位载荷试验，对HRB500钢筋进行了系统的应用研究，解决了HRB500高强钢筋在工程设计中裂缝宽度计算值较大而影响工程应用的瓶颈问题。2006年河北建设服务中心结构设计工程是国内首次在框架梁中应用HRB500高强钢筋的项目，该工程作为典型工程被收录在《建筑业10项新技术（2010）》一书中。

河北建设服务中心

为了探索高强钢筋带来的高应力情况，《混凝土结构设计规范》中裂缝宽度计算公式对实际工程结构是否合理以及观测配置了500 MPa级钢筋的混凝土梁在承载受力时的裂缝发展规律，对应用工程进行了结构原位加载试验。加载方式采用散砂和袋装水泥堆载，按四个级别逐次在楼板上加载，每一级加载后均对梁的裂缝状态进行观测。第一级加载值采用楼面满铺135 mm厚砂子，其余三级加载均采用袋装水泥。通过试验，找出了影响应用HRB500钢筋的混凝土裂缝计算宽度值较大的因素，并对裂缝宽度计算进行了修正。在《建筑结构》杂

第一级加载现场

满加载现场

志上发表了《500MPa级钢筋工程应用的试验与研究》；编制了《HRB500级钢筋应用技术导则》（试行），填补了国内应用500MPa级钢筋的空白；参编了国家规范《热轧带肋高强钢筋在混凝土结构中应用技术导则》（RISN-TG007—2009），为工程应用提供了重要的试验依据。2010年完成“HRB500钢筋在工程中的应用研究”科研项目，研究成果达到国内领先水平，获河北省科技进步二等奖、河北省建设行业科技进步一等奖。

3.HRB400和HBR500钢筋优化高效应用研究

2013年后主持研究了住房和城乡建设部科技计划项目“HRB400和HRB500钢筋在建筑工程中的合理优化应用研究”（2013-K1-30），研究成果达到国内领先水平，提出了独立基础、条形基础合理使用HRB400钢筋和HRB500钢筋的建议，并给出选用表；针对HRB400和HBR500两种级别的钢筋混凝土结构体系，提出了优先使用HRB500钢筋或HRB400钢筋的构件及部位；提出了不同结构体系应用HRB400和HRB500钢筋的合理比例，为不同强度等级的高强钢筋工程应用提出了具体的指导建议。“HRB400和HBR500钢筋在建筑工程中的优化高效应用”科研成果获河北省建设科技进步一等奖。

4.开展了CRB600H钢筋工程应用研究，编制《CRB600H高强钢筋应用技术规程》

2012年，对CRB600H高强钢筋进行工程应用研究。CRB600H高强钢筋是对低强度钢筋进行冷加工及热处理后提高钢筋强度，在生产过程中不需要添加任何合金元素，总耗能低于普通热轧钢筋，强度又明显高于HRB400钢筋，且价格较低。在工程中应用CRB600H钢筋，既可减少钢筋用量，又可降低造价，更能方便施工，具有显著的经济效益和社会效益。推广应用该种钢筋符合国家的节能环保政策，CRB600H高强钢筋吨产品能耗与HRB400钢筋相比节省9.7 kg标准煤，与HRB500钢筋相比节省12.4 kg标准煤。每使用1吨CRB600H高强钢筋节约特矿石消耗320 kg，节约煤消耗120 kg，节约新水消耗800 kg，可以减少400 kg二氧化碳排放，减少200 kg污水排放。

HRB500级钢筋应用技术导则

（试行）

《HRB500级钢筋应用技术导则》

《HRB500钢筋应用技术规程》

《热轧带肋高强钢筋在混凝土结构中应用技术导则》

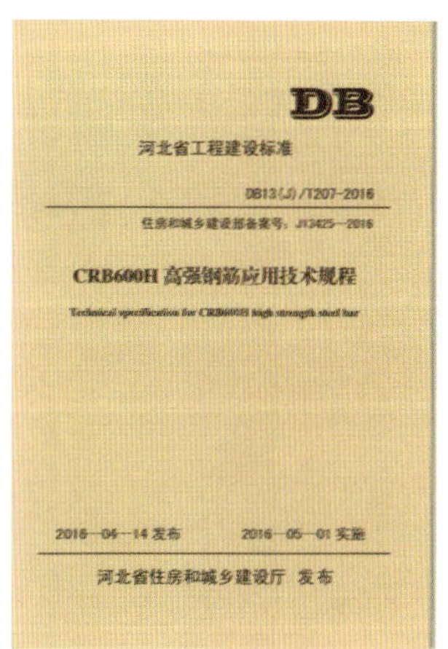


《CRB600H高强钢筋应用技术规程》

2016年编制了《CRB600H高强钢筋应用技术规程》，并于2016年5月1日起实施，为在河北省推广应用该高强钢筋铺平了道路，并被授予"河北省创新工作室"称号。

**（六）装配式建筑技术**

我国建筑业转型升级已全面展开，加快推进建筑产业现代化是建筑产业转型发展的必然路径。本人主编了《装配整体式混凝土剪力墙结构设计规程》等4本装配式建筑河北省地方规程；2015年组织申请并被河北省住房和城乡建设厅命名为"河北省装配式建筑产业基地"，并在邯郸民乐苑保障房工程设计中研究应用装配式结构（四栋26层住宅）。后又主持编制了《预制混凝土剪力墙外墙板》等7本标准设计图集以及钢结构标准《建筑用钢型材标准》《FR复合保温墙板应用技术规程》和木结构标准《交错层积木（CLT）结构技术规程》。凭借扎实的工作基础，公司在2017年被住房和城乡建设部命名为第一批"国家装配式建筑产业基地"，为推进河北省装配式建筑产业发展起到了引领示范作用。

1.编制装配式混凝土结构标准

编制4本装配式结构规程：《装配整体式混凝土剪力墙结构设计规程》《装配式混凝土剪力墙结构建筑与设备设计规程》《装配式混凝土构件制作与验收标准》《装配式混凝土剪力墙结构施工及质量验收规程》。编制7本装配式混凝土结构图集：《装配式混凝土剪力墙结构住宅表示方法及示例》《剪力墙结构钢筋混凝土叠合板》《预制混凝土剪力墙内墙板》《预制混凝土剪力墙外墙板》《装配式混凝土剪力墙结构节点及连接构造》《预制钢筋混凝土板式楼梯》《预制钢筋混凝土阳台板、空调板及女儿墙》。

目前，在民用建筑用钢方面国内还没有一个统一的型材标准，钢型材生产基本是针对工业用钢型材的规格进行生产，民用建筑钢结构建筑选用的型材有很大限制，《建筑用钢型材标准》的编制将相关建筑用钢型材的标准进行整合统一，并通过虚拟工程试算及以往大量工程经验，结合国标及冶金行业型钢标准，归纳出适用于常规钢结构建筑的型钢类型，从而方便钢厂有针对性的生产和建筑结构设计的选用，填补了国内空白。

4本装配式结构规程

河北省为钢材大省，钢结构方面标准的编制和实施，将为加快河北省钢结构工业化、标准化发展，积极推进河北省钢结构建筑的产业现代化，提升钢结构技术集成配套，节约能源，保护环境，实现经济社会可持续发展助力。

3.编制木结构标准

主编河北省木结构地方规程《交错层积木（CLT）结构技术规程》。

交错层积木是近年来国际上研究较多的一种木结构，该标准从材料、设计、制作、存储、安装、防腐保护、验收、维护等方面做出了较全面的规定，对国家《木结构设计标准》起到有力补充，该标准的编制实施对河北省木结构建筑发展起到了积极的推动作用。

**（七）BIM技术研究与应用**

1.科研课题

作为主研人完成了"建筑信息模型（BIM）在结构设计中的应用研究"课题。通过Revit平台建立建筑信息模型（Building Information Modeling，BIM），在此基础上布置、定义、编辑结构构件，生成结构计算模型，解决了采用BIM技术进行结构计算分析的难题；实现了

7 本装配式图集

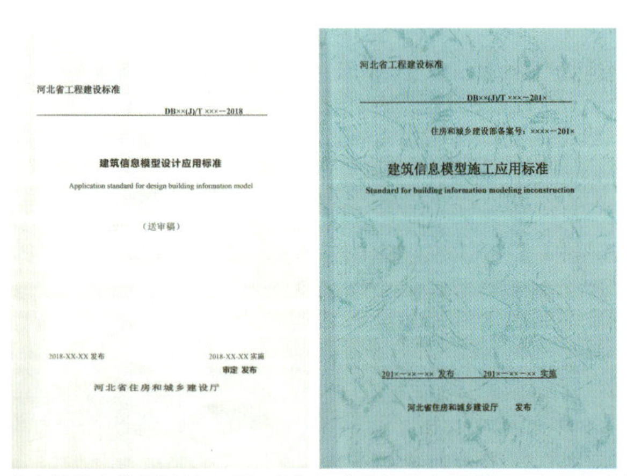


《建筑信息模型设计应用标准》和《建筑信息模型施工应用标准》

结构计算模型与建筑模型的无缝合模，解决了结构计算与建筑信息模型融为一体的难题，利用 BIM 模型的数据，可以任意剖切节点并形成复杂节点图，解决了结构设计中的复杂节点问题。其研究成果实现了结构计算在建筑信息模型中的深度融合，达到了国内领先水平，获河北省建设科技进步一等奖。

同时，进一步深入研究“住宅建筑 BIM 设计标准化”课题，准备于 2018 年底完成。该研究完成后，完全采用 BIM 技术实现快速设计住宅项目将成为可能。

2. 参编河北省地方标准

参编了河北省地方标准《建筑信息模型设计标准》《建筑信息模型施工标准》，目前已通过送审稿审查。

建筑信息模型是建设项目在设计、施工、运维阶段用数据建立的表现形式为三维模型的数据库。BIM 中的信息集成了建筑工程项目各阶段相关的工程数据，用于设计、建造、管理、运维建筑物的全生命周期。

伴随 BIM 技术的发展应用，河北省许多建筑企业组建了自己的 BIM 团队，开始探索 BIM 技术在实际项目中的应用以及产生的效益。但目前由于没有明确的技术标准进行指导和约束，模型应用深度、编码、存储方法等均不统一，不规范的 BIM 数据模型信息会对建筑工程项目的管理、应用造成混乱，阻碍 BIM 技术在河北省的推广应用。为推动河北省 BIM 设计技术的发展与进步，保证模型信息的有效传递，编制 BIM 设计应用标准具有重要意义。

今后，我国建筑业信息化技术应用方向是互联网+BIM。把BIM数据云放在互联网上，实现对建设项目的管理维护，通过物联网的物物相联完成施工，这种以信息为基础的工作方式将颠覆性改变传统建筑业的建造模式。

## 三、标准化工作

大力推进标准化工作，除主持、参编、指导和审查了各类规范标准外，还培养了一批工程建设标准化领域专业过硬、技术优良、经验丰富的标准化技术人才。

主持、参编、指导和审查了各类标准几十项。参编了国家规程《热轧带肋高强钢筋在混凝土结构中应用技术导则》《消能减震加固技术规程》等；主持编制了《装配式混凝土剪力墙结构设计规程》《装配式混凝土剪力墙结构建筑设备技术规程》《装配式混凝土结构施工及质量验收规程》《装配式混凝土构件制作与验收标准》《农村住宅建筑抗震设计规程》以及河北省装配式结构设计图集《剪力墙结构钢筋混凝土叠合板》《预制钢筋混凝土板式楼梯》和华北六省区市“12系列结构标准设计图集”的《钢筋混凝土结构构造》（12G03）、《墙下条形基础》（12G05）等。这些标准的制定，为推动河北省建筑高质量发展、建筑行业节能减排和调整结构转型升级起到了积极的推动作用。

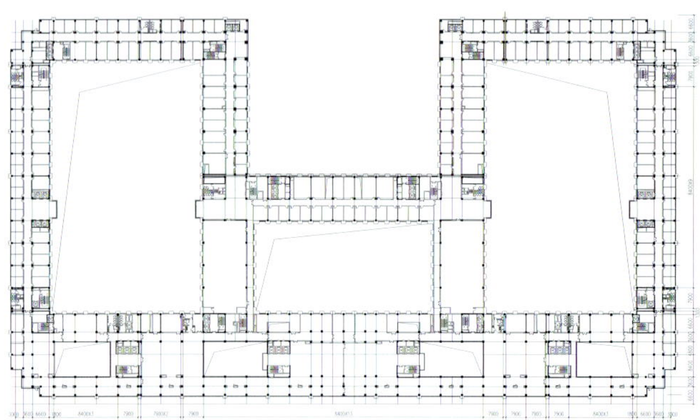

A 区建筑标准层平面图

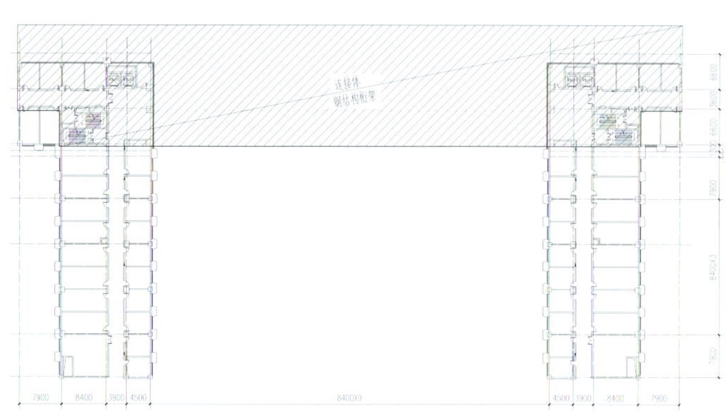

九、十区连体结构平面示意图

## 正定新区石家庄政务办公大楼

建设地点：河北省石家庄市正定新区
建筑面积：380 000 m²
设计/竣工：2010 年/2015 年

本工程根据建筑高低错落、功能及内部空间变化等特点，将其划分为 12 个结构单元，合理确定了结构抗震缝、结构体系和构造形式，使结构单元平、立面布置更加规则，各部分的质量和刚度更加均匀、连续，更有利于抗震；结构体系为框架-剪力墙结构形式。

在第 9 和第 10 结构单元之间设置了 75.6 m 超大跨偏置连体，连体一侧带有 12.6 m 的悬挑，连体结构采用钢桁架结构。

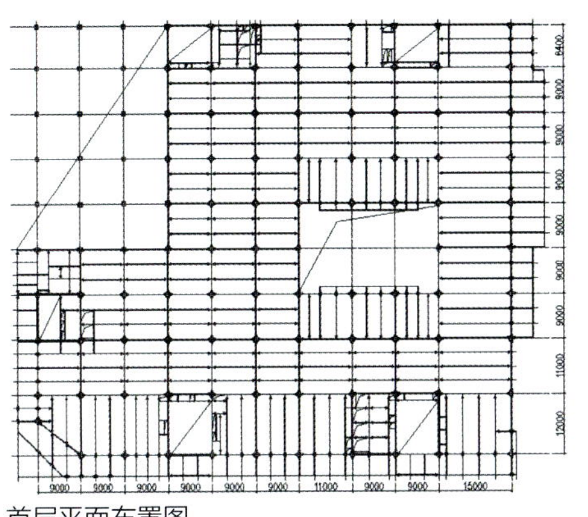

首层平面布置图

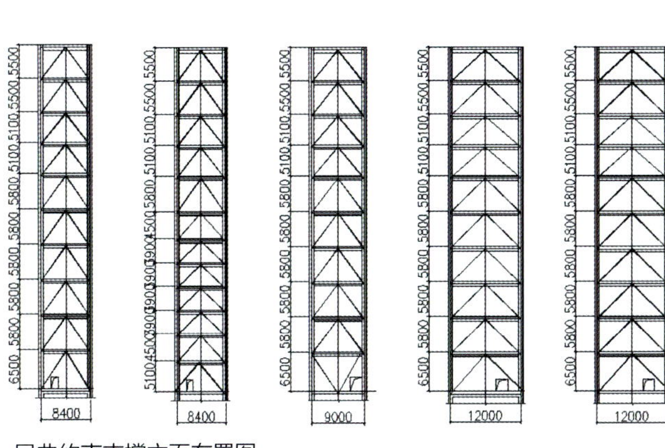


屈曲约束支撑立面布置图

## 北国商城西扩工程

建设地点：河北省石家庄市
建筑面积：135 000 $m^2$
设计/竣工：2013 年 / 未竣工

本工程结构采用钢框架－屈曲约束钢支撑结构，即钢梁、钢柱、屈曲约束钢支撑，克服了剪力墙对建筑功能的不利影响。选用的耗能型屈曲约束支撑既能保证构件不屈曲，还能保证芯板屈服后的耗能能力，不仅可提高结构刚度、承载力，还可提高结构的整体耗能能力。通过无支撑结构和有支撑结构进行对比，钢框架－屈曲约束支撑结构不仅能很好地满足建筑功能要求和建筑空间利用，减小结构构件截面尺寸，降低工程造价，同时可以提高结构的安全度，减小地震反应，增加使用舒适度，取得了良好的社会效益及经济效益。

## 上海新源广场

建设地点：上海市
建筑面积：122 400 m$^2$
设计/竣工：2000 年/2006 年
获奖情况：全国第四届优秀建筑结构设计三等奖

本工程体量较大，各结构单元之间层数、质量差别悬殊。主楼与裙房间设沉降缝，裙房与中心广场连为一体。主楼采用型钢混凝土框架－核心筒结构体系，充分利用了混凝土核心筒刚度大、竖向承载力高的特点，也结合了型钢混凝土框架柱截面尺寸小、抗震性能好的特点。根据业主对工程的要求以及结合施工等因素，经过多方案对比，本工程基础采用桩长不同的桩基础并分期施工，先施工主楼，再施工裙房；设计时考虑了邻近主楼的裙房主楼承台之间的沉降差等影响因素。

## 石家庄华润中心

建设地点：河北省石家庄市
建筑面积：560 000 m$^2$
设计/竣工：2015 年/未竣工

本工程结构体系包括框架-剪力墙结构、框架-核心筒结构，同时还采取了张悬梁、预应力等技术。购物中心基础形式为平板式筏形基础加上柱墩；A、B、C、D座塔楼基础形式为桩筏基础。整个结构不设抗震缝、不设后浇带，存在超长，抗震、抗裂不利，裙房凹凸不规则，中庭开大洞，平面不连续等复杂问题。

针对项目存在的超限问题——购物中心中庭开大洞（基本贯通了整个裙房）、塔楼存在明显偏置等采取了时程分析法进行多遇地震下的补充计算，计算结果取时程法和反应谱法的包络设计；进行罕遇地震阶段弹塑性动力时程分析，找出相关薄弱部位，获得整体结构和主要构件在罕遇地震阶段的性能状态，采取具有针对性的加强措施；整体和塔楼分别进行计算分析，结果进行包络设计以及采取性能化设计，对重要程度不同的构件采取不同的性能水准等方法及措施。

## 石家庄万达广场商业综合体

建设地点：河北省石家庄市
建筑面积：326 000 m$^2$
设计/竣工：2011 年/2016 年
获奖情况：河北省优秀工程勘察设计一等奖

经过经济比较和分析，本工程各塔楼基础采用筏板基础加复合地基，裙楼基础采用天然地基上的筏板基础，地基基础设计等级为甲级；结构体系采用框架－剪力墙结构，将 5 栋高层塔楼在 ±0.00 以上用抗震缝分为五个独立结构单元，每个结构单元连带部分裙房，±0.00 以下结构为一个整体。结构设计强调多道抗震防线、强柱弱梁，使结构体系更加有利于抗震。

## 石家庄大剧院

建设地点：河北省石家庄市
建筑面积：52 740 m²
设计/竣工：2012年/2016年
获奖情况：河北省优秀工程勘察设计一等奖

为满足建筑立面效果及建筑功能的完整性，在结构上本工程的7层办公楼与2个剧场、多功能厅连为一体，因此结构存在复杂无缝连接、刚度不均、大开洞、穿层柱等超限问题，属于国内罕见的超限复杂高层建筑。本工程通过了河北省住房和城乡建设厅组织的抗震超限审查。

结构布置时，结合建筑功能分区及使用空间的要求，在剧场观众厅及多功能厅四角、楼梯间等部位布置抗震墙，形成整体结构的主要抗侧力体系，为结构提供了很好的抗水平力刚度，提高了建筑物抵抗地震作用和风荷载的能力。

## 天山海世界改扩建工程

建设地点：河北省石家庄市
建筑面积：70 000 m²
设计/竣工：2009 年/2012 年
获奖情况：河北省优秀工程勘察设计一等奖

本工程平面布置不规则，平面每个区之间连接薄弱，楼板不连续，最大楼层开洞达 45%；结构部分竖向构件不连续，需进行转换，五层的西部转换跨度大且转换梁两侧标高相差 2 m，故采用 20 多米跨转换折梁托柱；与一期工程相邻处，为避让一期工程，地下室较上部结构内缩，在一层采用斜框架柱，从而避免了地上每层的大悬挑；因建筑整体的不规则形成多处短柱、穿层柱；屋顶采光带为不规则钢结构顶，东南角平面突出部分采用自地下室顶转换的倾斜度约 10% 的斜柱，到主体屋面处外伸 4.5 m，屋面以上该部位立面持续外伸，设计采用了钢结构刚架。

屋面桁架平面图

屋面支撑体系平面图

## 石家庄机场改扩建工程航站楼

建设地点：河北省石家庄市
建筑面积：25 873.182 m$^2$
设计/竣工：2006 年/2009 年
获奖情况：国家优质工程银质奖；河北省优秀工程勘察设计一等奖；河北省十佳建筑；感动河北工程设计成果奖

本工程出港值机大厅采用了大跨度梭形钢管桁架结构体系（全省最大跨度 53 m），平面尺寸为 70.2 m × 264.4 m，钢管主桁架跨度 53 m，与钢管混凝土柱组成排架受力体系；重塑新楼段大跨度建筑空间，覆盖旧建筑，构成穿插覆盖跨越式建筑主体整体结构体系。采用铸钢球节点和滑动支座，解决了管桁屋架自身的变形和单索点式幕墙支撑体系；并通过应用大幅面钢结构悬挑体系，解决了新旧建筑空间交错问题，主要通过 283.0 m × 12.85 m 大尺度悬挑屋盖，增强了幕墙遮阳效果，解决了高架桥人行范围的淋雨问题。

## 河北博物馆

建设地点：河北省石家庄市
建筑面积：21 000 m²
设计/竣工：2006 年/2012 年
获奖情况：全国优秀工程勘察设计一等奖；河北省优秀工程勘察设计一等奖

本工程 B 区在地下一层采用钢骨混凝土结构，梁、板为现浇钢筋混凝土，框架柱采用钢骨混凝土柱；D 区在地下一层及局部展台采用钢管混凝土柱、钢骨混凝土梁，安全合理的结构节点设计保证了工程质量。

D 区结构采用树状柱与空间桁架组合的复杂空间结构，D 区结构的四角设置四根桁架式组合柱，大厅中间设四根圆钢柱，钢柱上端为树状结构，下端为钢管混凝土。四角组合柱、两侧桁架、大厅四根树状柱与屋面两榀交叉桁架共同组成四周及屋盖的竖向承重体系；四角组合柱、两侧桁架与屋面交叉桁架共同组成空间的抗侧力体系。

# 荣 峰

研究员级高级工程师，工学博士，中核第四研究设计工程有限公司副总经理、总工程师。任中国核能行业协会专家委员会委员、河北省土木建筑学会工程抗震学术委员会副主任委员等。

**主持工程情况及技术创新**

担任中国先进研究堆（CARR）工程等多项国家重点核工程总设计师，突破核工程设计、复杂地基条件下结构地震反应分析、楼层反应谱计算等多项技术难题，工程设计达到国际先进水平；担任石家庄军创国际等多项民用工程设计技术负责人，主持制定总体技术方案和结构设计方案，突破地基－结构相互作用抗震分析、超限结构计算等多项技术难题，取得了良好的经济效益和社会效益；任施工图审查机构负责人，组织、主持完成了大量施工图审查工作，起到了工程设计的把关作用；在国家重点工程秦山核电二期工程建设期间，负责建造技术与质量控制监理工作，主持审查了150余项主要施工及安装方案，保证了工程建设的顺利实施。

长期从事工程设计、科研与技术管理工作，具有坚实的专业理论知识和丰富的设计经验，工程设计业绩突出，在工程结构抗震分析与设计方面具有较高造诣，在地基－结构系统地震反应分析领域达到国内先进水平。

**学术成果及荣誉**

河北省工程勘察设计大师，国防科工委“511人才工程”及中核集团“111人才工程”学术技术带头人，中核集团突出贡献中青年专家，享受国务院政府特殊津贴。主持、参加工程设计与科研项目115项，其中获得部级优秀工程设计、咨询奖12项，发表学术论文51篇（EI收录12篇），获得专利3项。

**单位评价**

荣峰同志担任中核第四研究设计工程有限公司副总经理兼总工程师，在指导、制定和审查工程总体设计方案和结构设计方案，审查工程设计文件，组织解决重大技术问题，组织制定公司质量管理体系文件及标准等方面做出了突出贡献，为公司工程设计技术水平、质量水平的保持与提高做出了较大贡献，取得了良好的经济效益和社会效益。

该同志一直担任大型项目的主持人与技术负责人。在担任中国先进研究堆（CARR）工程、某工程试验堆工程、中美核安保示范中心、中基·礼域尚城、军创国际等国家重点工程与大型民用项目负责人或技术负责人期间，主持制定总体设计方案，突破复杂地基条件下结构地震反应分析与楼层反应谱计算等多项技术难题，为国家重点工程建设做出了突出贡献。

该同志理论功底扎实、实践经验丰富，在工程结构抗震分析与结构设计方面具有较高造诣，在地基－结构系统地震反应分析领域处于国内先进水平，不仅是学科技术带头人，河北省工程勘察设计大师，并获得国家国防科工委、中核集团有突出贡献中青年专家称号。

荣 峰 ○

# 自传及业绩

1985年7月本科毕业于郑州工学院，获工学学士学位，2004年3月获天津大学结构工程专业工程硕士学位，2008年2月获天津大学结构工程专业工学博士学位。

1985年7月—2001年7月，在核工业第四研究设计院工作，历任专业组长、所长、核电站建设项目副总监兼总工、建筑设计分院院长、核四院院长助理兼副总工程师等职。

2001年7月至今，在核工业第四研究设计院（中核第四研究设计工程有限公司）从事科研、设计、审核与技术管理工作，主持并负责大型重点工程项目设计，任副总经理兼总工程师等职。

任中国核能行业协会专家委员会委员、中国岩石力学与工程学会废物地下处置专业委员会副主任委员、河北省土木建筑学会工程抗震学术委员会副主任委员等。

担任中国先进研究堆（CARR）工程、某工程试验堆工程、核聚变研究设施、加速器工程、中美核安保示范工程、高放废物处置地下实验室等多项国家重点核工程总设计师、技术负责人或主要设计人，突破核设施总体及系统设计关键技术、核结构地震反应分析、楼层反应谱计算等多项技术难题，工程设计达到国际先进水平。

完成石家庄国宾大酒店、天洋大厦、中国海洋石油测井基地等数十项民用、工业项目工程设计，担任石家庄军创国际、中基·礼域尚城、滨江国际（休门城中村改造）、卓达星辰广场29号块地等多项民用工程设计技术负责人或主要设计人，制定总体技术方案和结构设计方案，突破地基－结构相互作用抗震分析、超限结构计算等技术难题，积极采用新技术、新设备，取得了良好的经济效益和社会效益。

任河北荣丰工程设计咨询有限公司（施工图审查机构）负责人，建立了完善的组织机构与审查质量体系，组织、主持完成了大量施工图审查工作，起到了工程设计的把关作用。

主持广东海丰核电项目、河北核电项目前期选址工作。在国家重点工程秦山核电二期工程建设期间，任建设监理项目副总监兼总工程师，负责全厂建造技术与质量控制监理工作，主持审查了150余项主要施工及安装方案，发现和避免了许多质量问题及隐患，保证了工程质量和项目建设的顺利实施。

参加工作以来一直从事工程设计、科研与技术管理工作，具有坚实的专业理论知识和丰富的设计经验，工程科研、设计业绩突出，在工程结构抗震分析与设计领域具有较高造诣，在地基－结构系统地震反应分析方面达到国内先进水平。

## 中国先进研究堆（CARR）

中国先进研究堆（CARR）是一座轻水冷却、重水反射的反中子阱型、高注量率的多用途研究堆，主要开展核物理与核化学等基础科学研究以及中子散射试验、反应堆材料及核燃料考验、中子活化分析等，同时可应用于单晶硅中子掺杂等。其满功率为 60 MW，安全性能好，技术指标先进，用途多，是 21 世纪我国核科学技术可持续发展的重点研究设施之一，是国家核科技总体实力和水平的重要标志，是进行中子散射和核物理研究的先进设施。中国先进研究堆为国家大科学工程，于 2008 年底达到满功率运行，其主要技术指标位居世界前列。

## 国家核安保技术中心（中美核安保示范中心）

中美核安保示范中心的开工建设是对中美两国《关于建立核安保示范中心合作的谅解备忘录》的有效推进与落实，该项目是迄今为止两国政府在核领域直接投资最大的合作项目，主要承担核安保、核材料管制、核进出口管理领域的国际交流合作、教育培训、测试认证、技术展示与研发。其为亚太地区乃至全球规模最大、设备最齐全、技术最先进的核安保技术交流与培训中心，对提升中国及亚太地区核安保水平，推动核安保领域国际合作与交流具有积极作用。

2015 年 3 月 18 日在北京举行的中美核安保示范中心建成仪式受到了中外媒体的高度关注，国务院副总理马凯与美国能源部部长莫尼兹共同出席开幕式并致辞。参加建成仪式的中方单位包括 20 余家国家部委、央企和研究院所；外方包括国际原子能机构、美国能源部及国防部、美驻华使馆等。

2016 年 3 月 31 日，第四届全球核安全峰会在美国首都华盛顿举行，50 多个国家和国际组织领导人共商全球核安全大计。国家主席习近平出席并发表题为《加强国际核安全体系，推进全球核安全治理》的重要讲话，讲话中提到：“我承诺的国家核安全示范中心已经提前一年竣工并在北京投入运营。”

A4

A1
SNSTC

核安保示范中心展示活动

NUCLEAR
SECURITY
SUMMIT

## 中基·礼域尚城

建设地点：河北省石家庄市
建筑面积：755 500 $m^2$
获奖情况：第五届人居典范最佳设计方案金奖；部级优秀设计二等奖

本项目位于石家庄市中心区，总建筑面积 755 500 $m^2$，主要由 25 栋 16 ~ 30 层高层住宅组成，包含写字楼、住宅、公寓、会所、学校、幼儿园、沿街商业等，并设有地下 2 层大型停车库。小区规划设计吸收了中国传统居住理念的精髓，构建出一个具有街、巷、院中国传统结构形态居住群落秩序及和谐、内敛的园林院落居住环境。该项目规模大、功能齐全，工程设计采用了 10 余项绿色节能新技术、新设备，为石家庄首个 2A 级居住小区，并获得第五届人居典范最佳设计方案金奖。

进行结构设计时，采用了优化结构体系方案、详细的结构抗震分析与对比验证计算、合理的结构构造等 8 项技术措施，在确保结构安全可靠的前提下，节约了工程造价。对于 23# 和 25# 双塔连体高层建筑，采用 ANSYS、ABAQUS 大型有限元软件，考虑地基－结构相互作用进行三维地震反应分析，保证了主体结构的安全性与经济性；主楼采用内置薄壁方箱现浇空心楼板技术，地下车库采用板柱抗震墙结构形式等多项技术措施，降低了层高，节约了工程造价。

苏宁电器广场（44 层，高 182.8 m） | 保定燕赵国际（43 层，高 180 m）

## 施工图审查

河北荣丰工程设计咨询有限公司是河北省首批成立的从事建筑与市政工程施工图审查的机构之一。该公司成立 17 年来，建立了完善的组织机构与审查质量体系，组织、主持完成了大量建筑工程施工图审查项目，审查范围涵盖大型公建、居住建筑以及市政工程等。多年来，通过良好的技术水平，严格、规范的审查工作，发现和避免了许多违反国家工程建设强制性标准条文的地方及安全隐患，起到了施工图设计的把关作用，为保证建筑工程质量做出了贡献，得到河北省住房和城乡建设厅、石家庄市住房和城乡建设局等上级建设行政主管部门的肯定。

石家庄盛邦大都会（总建筑面积 4 000 000 m²）

石家庄宝能中心（37层，高 150 m） | 石家庄国际贸易城（总建筑面积 27 000 000 m²）

## 秦山核电二期工程

秦山核电二期工程为国家“八五”重点项目，是我国自主设计、自主建造、自主管理、自主运营的首座2×600 000 kW商用压水堆核电站，工程总投资148亿元。主体工程于1996年6月2日开工，第一台机组于2002年4月投入商业运行，实现了我国自主建设商用核电站的历史性跨越，创造了良好的经济效益和社会效益。

秦山核电二期工程是国家“九五”期间唯一采用“以我为主、中外合作”方式建设的国产化核电项目。它成功地吸收、借鉴了国内外核电设计、建造的先进经验，采用了当时世界上技术成熟、安全可靠的压水堆型，按照国际标准设计建造并取得了成功，为今后自主设计、建造百万千瓦级核电站奠定了基础，有力推动了我国核电建设国产化、标准化、系列化的发展进程。荣峰负责项目建设质量控制监理工作，并荣获项目建设一等功。

该项目获2004年度国家科技进步一等奖，并入选2004年中国十大科技进展。

## 中国环流器二号 HL-2A/M 核聚变试验研究装置

中国环流器二号 HL-2A 工程是国内最大的核聚变研究装置，是我国第一个具有偏滤器位形的托卡马克装置，利用该装置开展的国际前沿物理研究试验，把我国核聚变试验研究的整体水平和国际地位提升到了一个新的高度。升级改造后的 HL-2M 装置，性能指标大大提升，接近和达到国际同类装置的先进水平。能够在先进位形下运行，并具备堆芯级等离子体研究能力的 HL-2M 装置的建成，满足了“十二五”我国核聚变堆等离子体的物理和工程试验研究，发展了聚变关键技术，为我国开发核聚变能源奠定了基础。

本工程设计除主装置外，还有以下难点和创新点：大跨度、大吨位吊车电机厅的设计技术；大功率立式脉冲发电机基础谐响应分析、设计技术（国内首台 300 MV · A 立式脉冲发电机组）；大空间既有建筑辐射屏蔽改造技术；大容量、高要求变配电系统设计技术；无磁钢筋设计与使用技术等。

## 中国原子能科学研究院
## 强流质子回旋加速器、超导直线加速器、重离子回旋加速器工程

本加速器群工程将填补我国中能强流质子回旋加速器、高分辨同位素分离器和超导直线加速器的空白，属国家大科学工程，达到21世纪初期国际同类装置的先进水平，使我国成为少数几个拥有新一代放射性核素加速器的国家，成为我国核科学技术领域开展具有创新性与先导性基础研究和应用研究的平台。本项目总投资数亿元，其中加速器装置设计制造技术、辐射屏蔽技术为本工程设计的关键技术。

## 中国高放废物地质处置地下实验室

高放废物具有放射性高、半衰期长、毒性大等特点，对其进行最终安全处置难度极大，是公认的世界性难题，也成为关系到我国核工业可持续发展和环境保护的战略性课题。目前，深地质处置是国际上公认的可安全处置高放废物的、可行的处置方式。高放废物地质处置库工程具有建设条件复杂、安全等级高、服务期限长（数万年计）等特点，其选址、建造和安全评价过程复杂且难度极大。因此，许多国家的高放废物地质处置计划中，都明确要求先建立一个或若干个地下研究设施，进行特征评价、现场试验和验证，为高放废物地质处置库建设提供必要的科研基础和实践经验，这类地下设施即称为高放废物地质处置地下实验室。

我国在西北地区建设有“特定场区型地下实验室”。其定位是大型的、功能较为完备的、具有扩展功能的、位于地下 560 m 深度的、具有国际先进水平的地下实验室。

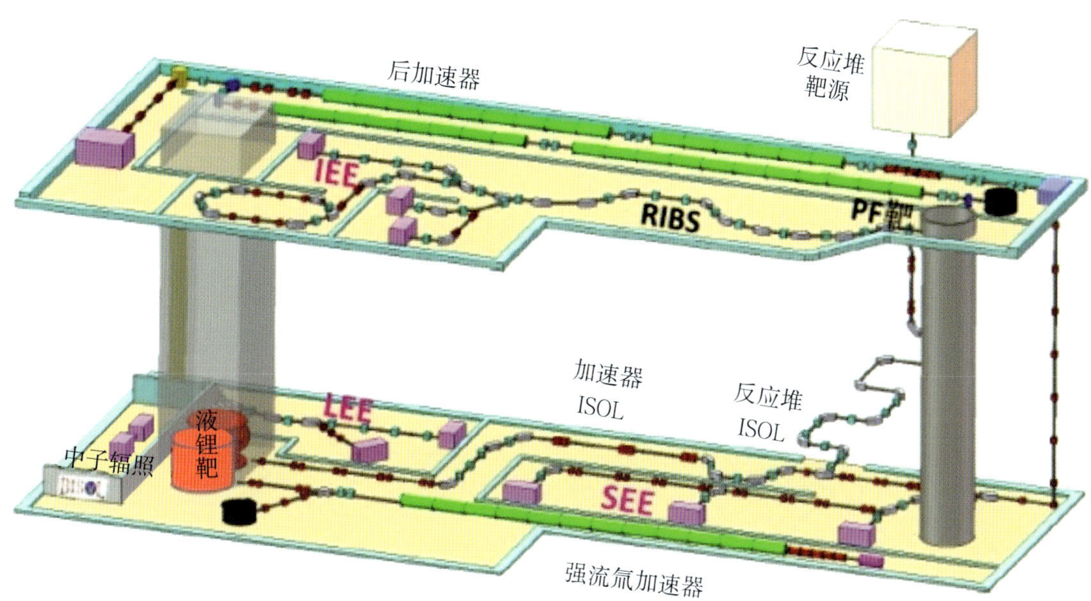


## 国家重大科技基础设施建设项目
## 北京在线同位素分离丰中子束流装置

北京在线同位素分离丰中子束流装置（BISOL）的主要特点是：采用反应堆与加速器双源驱动；用在线同位素分离法（ISOL）和入射粒子碎片法（PF）相结合的方法产生高强度的丰中子核束和1 ~ 20 MeV强流中子；开展科学基础前沿放射性核束物理的创新研究，同时率先在国际上开展先进核能（特别是聚变能）系统材料的辐照测评及多种核数据所需的应用研究。得益于反应堆驱动的独特思路，BISOL在若干关键质量区可产生比国内外现有装置强度高2个数量级的极端丰中子核束流，从而将核科学研究推进到迄今尚未达到的原子核区域，将我国核基础科学研究提高到国际领先水平。该装置建成后，将使我国拥有具有世界最先进水平的核物理基础研究中心。

本项目整个建筑单体由两部分组成，分别为装置实验楼及多功能厅。其中，实验楼地下1层（局部地下2层）、地上3层，呈L形布置，平面尺寸为178 m×78 m。整个建筑物占地面积为12 350 ㎡，建筑面积为48 000 ㎡。

## 天津滨海质子治疗示范工程

质子治疗是世界上最先进的癌症治疗手段之一。据统计，癌症是当今世界全球性疾病的主要死亡原因，质子治疗至少具有四个方面的优势：提高肿瘤照射水平，降低不必要的放射剂量；提高局部控制率；减少并发症；加强放、化疗的效果。本项目使用我国自主研发的、国际先进的大型超导回旋加速器技术，在天津滨海新区建设质子治疗中心，力图使大型国产装备在医疗应用领域有所突破，在我国质子治疗癌症攻关中起示范作用，带动我国质子治疗工作的全面发展。

本项目建设的主体工艺设备主要包括 1 台 230 MeV 超导回旋加速器及其配套设备、1 套公共束流输运系统、2 套旋转机架治疗系统、1 套固定束治疗系统及开展质子治疗工作需要的相关医疗设备。本项目整个建筑单体由两部分组成，分别为影像定位区及质子治疗中心。整个建筑为地下 1 层（局部地下 2 层）、地上 2 层，呈围合形布置。

## 军创国际（军创园工程）

建设地点：河北省石家庄市
建筑面积：45 000 m²
获奖情况：部级优秀设计二等奖

军创国际（军创园工程）为集办公、居住、商业、餐饮于一体的综合型建筑群体，由3栋高层建筑与连体商业裙房组成。本项目位于石家庄市中心区，总建筑面积约45 000 m²，主楼为办公建筑，地上25层，建筑高度近100 m。

本工程结构设计难度较大，为了解决建筑高度受限的问题，主楼结构采用密肋楼板体系，有效降低了层高，相应增加了建筑面积，创造了良好的经济效益。由于主体建筑体形不规则，结构刚度不对称，设计时采用了合理的框架－抗震墙结构，通过调整抗震墙布置，反复进行结构抗震分析与对比验证计算，解决了地震作用下的结构扭转问题，最终工程设计取得了成功。

## 滨江国际（休门城中村改造工程）

建设地点：河北省石家庄市
建筑面积：220 000 m$^2$
获奖情况：部级优秀设计二等奖

本项目位于石家庄市中心核心区，为石家庄城中村改造一号工程，项目规划总建筑面积100多万平方米，为集办公、居住、沿街商业、餐饮于一体的大型综合建筑群体。其中已建成的C区（滨江国际）、D区由高层建筑与连体商业裙房组成，建筑面积共220 000 m$^2$，高层住宅地上24层、地下1层。本项目起步早、规模大、功能齐全、建筑风格简洁大方且富于现代气息，建成后成为石家庄市中心区一道靓丽的风景线，并对后续的城中村改造工程起到了示范作用，取得了良好的经济效益与社会效益。

由于建筑场地狭小、建筑容积率高以及周边设施环境比较复杂，本工程设计难度较大。设计时经多方案比选与优化以及详细的结构分析计算，工程设计最终取得了成功。

# 王振宗

1965年出生，毕业于南京理工大学，获双学士学位，教授级高级工程师，国家一级注册结构工程师。

大学毕业至今一直在北方工程设计研究院有限公司从事建筑工程设计和技术管理工作。1988—1995年先后在深圳分院、北京分院从事结构设计工作。1990年作为候选赴日研修生在北京理工大学接受日语培训一年。

**社会任职**

中国钢结构协会房屋建筑钢结构分会理事，中国勘察设计协会结构分会常务副理事，中国建筑学会结构分会理事，《钢结构》杂志理事，河北勘察设计协会减震消能分会副会长，河北省土木协会常务理事等。

**主持工程情况及荣誉**

完成大中型工程设计项目120多项，可行性研究、初步设计等前期项目80多项，主持完成的北京八达岭温泉度假村、深圳嘉宾广场（爵士大厦）、北京车道沟十号名邸、南京北方信息基地项目、发改委综合服务楼、河北省群众工作中心等获得省部级优秀设计奖，发表多篇论文。并获河北省第六届五四青年奖章，2014年被授予河北省工程勘察设计大师称号。

**学术成就**

专长于复杂高层结构设计，对复杂转换结构、钢结构、大空间构件等设计和各类桩基设计有较多研究和总结，以性能化设计促进结构技术的提升。注重推行绿色设计理念，以产学研互动推动装配式建筑技术，积极推动结构技术在新型城镇化、建筑产业现代化中的应用创新。

**单位评价**

王振宗同志政治素质高，人品好，结构专业能力突出，工程设计技术全面，重视团队建设。作为国家一级注册结构工程师、教授级高级工程师，从业30余年来，主持和设计120余项大中型项目，完成了北京八达岭温泉度假村、北京六里桥北片危改小区11至14号塔楼结构设计、深圳嘉宾广场等大型高层结构专业设计工作。作为项目总负责人，主持完成了河北省人民政府办公楼、吉林东光集团长春高新区出口基地、北京车道沟十号名邸、北京理工大学良乡校区等项目。2008年汶川地震后，积极投身到平武对口支援建设中。

王振宗专长于高层建筑结构和复杂结构设计，对复杂转换结构、钢结构、大空间构件等设计和各类桩基设计有较多研究和总结，以性能化设计促进结构技术的提升，并积极参与专业技术交流，具有一定社会影响力，担任中国钢结构协会房屋建筑钢结构分会理事、中国勘察设计协会结构分会常务副理事、河北省土木学会常务理事，被授予河北省工程勘察设计大师称号。发表多篇论文，制定了公司结构专业系列培训大纲，主持编审了结构专业系列培训教材和《工程师职业素养》，重视结构设计技术的传承和创新。

王振宗 ○

# 成长之路

王振宗，男，1965 年出生，毕业于南京理工大学，获双学士学位，教授级高级工程师，国家一级注册结构工程师，2014 年荣获河北省工程勘察设计大师称号。

## 一、主要工作和学习履历

1985 年大学毕业后被分配到兵器第六设计研究院（现北方工程设计研究院有限公司）机械工艺自动化专业。鉴于当时工艺研究所任务较轻，土建专业人员紧缺，院领导经研究决定，选派包含我在内的 5 位新员工改学工业与民用建筑专业，随后被派遣到当时的河北煤炭建筑工程学院（现河北工程大学）学习 2 年，1987 年毕业后回研究院土建室从事结构设计工作。

在土建室四组，师从组长钱福生、副组长孙贺臣，参与了华北药厂、皖北药厂、乌干达 U871 项目，接触了标准厂房的排架柱、杯口基础、梯形屋架、柱间支撑、1.5 m × 6.0 m 大型屋面板、抗风柱等计算选型设计工作。通过工程实践，让我对结构设计专业有了初步了解，相比原来学习的机械设计自动化专业车、铣、刨、磨等工艺的课程实践，两个专业在流程、方法、精度、安装等方面各有行业特点。现在的建筑工业化转型又是两个专业的融合，双专业的学习使我考虑问题能够从多角度出发，而且更立体、更全面。

1988—1995 年，我先后三次前往深圳分院从事结构设计工作，师从王芝培、孟丰年及钱福生等前辈。期间参与了当时正在设计的大亚湾核电站的施工附属工程，此工程钢结构采用日本生产的宽翼缘“工”字钢作为梁柱等构件，采用英制尺寸，截面惯性矩、弹性模量是我第一次见识；后又参与了深圳蛇口赤湾码头 88 号高层库房 40 000 $m^2$，2 $t/m^2$ 的活荷载建设项目，其中采用的直径 30 mm 以上的钢筋搭接长度的费用就相当于设计费了，工程之宏大给我留下了深刻印象，在整个项目中我主导设计了所有结构辅助设计；之后还参与了 12 层蛇口大厦框架结构设计，完成了结构主体计算电算，当时计算软件采用机械总院开发的平面杆系程序，在计算过程中我从前辈王芝培总工那里学会了框架梁调幅、控制柱子轴压比，当时框架柱混凝土标号最高用到 300 号；后独立设计了正大康地饲料厂的钢结构 50 m 高提升架、40 m 跨栈桥运输廊等构筑物。1992 年后，深圳的城市建设突飞猛进，深圳分院由周炳良、钱福生两位前辈主持工作，在此期间我接触了带转换层的高层建筑，后被派到北京参加 TBSA 软件培训，学成之后带着软件回到深圳参与宝安群贤大厦的结构设计工作，并担任专业负责人。1994 年在周炳良总经理的指导下，我担任中国香港商人投资的爵士大厦项目结构负责人，此项目高 99.9 m，紧邻深圳火车站，投资方为了多出面积效益，要求压低标准层高，将标准层高控制在 3.2 m，这对于结构专业，只能采用板柱剪力墙，当时的相关结构设计规范没有对此作特殊要求，我们根据对结构抗震“三阶段控制”的理解，加强柱上板带，对柱帽抗冲切等指标进行控制，此项目建成后，业主十分满意，物业运行也很流畅。随后完成了南海油脂（金龙鱼牌）的多层钢结构精炼车间、东亚油脂等项目，对钢结构设计、施工安装等有了进一步了解和掌握。

1990 年，我作为候选赴日研修生在北京理工大学接受日语培训一年。虽然其后由于日本经济低迷，赴外学习未能成行。但是通过学习日语，对日本人缜密的思维方式、在事情细部研究中找出路以及精益求精的工作态度有了进一步了解，对我日后养成的工作习惯产生了深远的影响。

1995 年底至 1997 年初，我被单位委派到北京北方设计研究所工作，担任设计所总工程师、副所长。期间完成了北京西客站配套工程六里桥北片危改小区 11 至 14 号塔楼结构设计、北京八达岭温泉度假村、昌平西关危改小区等项目。

1998 年，我被单位委派到上海设计分院工作 5 个月。

1998 年起先后在设计院任民用所副所长、二所所长，期间主持、参与完成了河北科技会堂科技馆、河北农业大学新校区、北京车道沟十号名邸、北京理工大学良乡校区等项目设计。2005年起担任设计院副院长，现为公司总经理助理，期间主持完成了南京北方信息基地、吉林东光集团长春高新区出口基地、河北省发改委服务楼、河北省政府办公楼、河北省群众工作中心、河北省委大院综合提升等项目。特别是在河北省发改委服务楼、河北省委大院综合提升等项目中，植入了绿色低碳理念和新型工业化与集成技术，对构件、体系做了精细的研究。

从工作经历上，我是一个时代的幸运儿，刚上班时面临的是师傅多、徒弟少的局面，不像现在徒弟多、师傅少。我有幸历经多位师傅的指教和栽培，虽学艺不精，自己也一直很努力。一晃三十几年的职业生涯，让我把职业和兴趣凝结到了一起，结构人的责任心、安全意识等思维习惯在自己身上打上了深深的烙印。

## 二、主要业绩介绍

在工作期间，我设计、主持并参与了120余项大中型项目，80余项可行性研究、初设项目前期工作，10多项大型项目技术组织。从工业厂房、大型公共建筑、民用住宅到各类构筑物，涉及结构类型齐全。项目所在地域从京津冀到东北、山东、上海、南京、广东、深圳、重庆、西安等，从设计人、专业负责人、项目专业总师到整体项目的技术组织。既在专业深度上达到了一定水准，又对工程相关专业有了一定了解，掌握了国内外技术动态，关注对新技术、新材料的积极推广和应用。

主持完成的大型项目主要有深圳嘉宾广场、北京八达岭温泉度假村、北京六里桥北片危改小区11至14号塔楼结构设计、河北农业大学新校区、石家庄裕华区行政中心、北京车道沟十号名邸、北京理工大学良乡校区、南京北方信息基地、吉林东光集团长春高新区出口基地、河北省发改委综合服务楼、石家庄正定新区园博园主展馆结构及人工山体、河北省政府办公楼、河北省群众工作中心等项目，并有多个项目获得省部级优秀设计奖。

2008年汶川地震后，按照河北省政府部署，积极投身到平武对口支援建设中，带领团队完成了南坝中学、响岩小学的重建设计，为灾区重建贡献了力量。

## 三、主要技术积累与创新

在专业技术领域敢于突破和创新，在工程中较早应用预应力管桩、沉管灌注桩、冲孔灌注桩等；对各类桩基和复杂地质的基础选型积累了丰富的工程经验；较早对珠江地区吹沙造地后建筑基础处理措施进行了研究应用，在东莞新沙港东亚油脂项目中，针对江边吹沙造地形成的场地沉降，在建筑物一层做楼板架空，室内外管线交接处做软连接，外线及道路进行深层搅拌地基处理，有效保障了设备正常运行，给周边项目提供了很好的示范；完成了东莞虎门太平广场、深圳群贤大厦、北京六里桥北片危改小区11至14号楼等高位转换的复杂高层结构设计研究，特别是在北京六里桥危改项目中，根据自己的理解，把剪力墙端柱、暗柱配筋按照受力机理配置钢筋，优化了钢筋构造；1994年设计的深圳爵士大厦项目为高99.9 m、建筑面积93 200 $m^2$的综合商务楼，为节约建筑层高空间，采用了框剪板柱体系，运用性能化设计理念对关键构件和节点进行了加强设计，取得了很好的技术效益和经济效益。

在特殊结构设计实践方面也取得了突破。非常注意工程优化工作，河北省科技会堂和科技馆项目主要包括球幕影院、科技教育中心、科技展览馆三大功能。球幕影院结构采用单层网壳大跨结构，结构形式新颖复杂；科技教育中心为大跨度预应力结构，经过反复比较优化，由原来18 m双向预应力框架改为9 m柱距、18 m跨单向预应力梁，施工方案和经济性得到了显著改善。

同时注重项目的社会效益和经济效益。如某高层办公楼采用框架钢支撑结构，实现了主体构件工厂制造，既满足了结构指标控制，又解决了现场施工作业面小的问题，综合效益显著；在某政府办公楼项目中，重点解决地下车库连接，把人防、通道、车库交汇区连接起来，采用板柱体系取得了较好的效果；在大型人工山体工程方面，较早关注地基沉降与山体自固结规律、山体边坡稳定等工程问题；近期在绿色建筑技术发展方面，大力推进装配式建筑的设计标准化工作，并关注PC构件构造技术发展。

在技术管理方面，2007年9月至2010年8月主持组织了长春228项目搬迁建设管理承包工作，完成了从设计到工程的全过程咨询服务，在冻土深达1 700 mm的东北地区，对结构构造进行改进，积累了工程经验；完整组织了河北省政府办公楼项目设计工作，运用绿色建筑理念，配合使用功能，将结构与其他专业相协调，做到综合统筹，对保留高层教学楼进行功能调整优化，从而减少大量结构主体加固工作，节约了投资，使整个项目做到功能齐全、标准和造价不超标、安全适用、环境优美。河北省委大院提升工程中，在地下工程、综合技术用房等方面也同样做了绿色设计示范。

参加多次技术论证会和学术学习交流会，注重对技术的研究和总结，发表《六里桥北片危改小区11至14号塔楼结构设计概况》《钢骨混凝土框架柱在反复水平荷载作用下的变形性能》《K形管板节点受弯承载力试验研究与有限元分析》《装配式建筑设计标准化的思考》等论文；参加多项省级标准图、设计规程、标准的立项审查及《河北省房屋建筑与市政基础施工图审查要点》审查等工作。

重视团队建设，注重言传身教，并主动组织“传帮带”活动。制定了公司结构专业系列培训大纲，主持编审了结构专业系列培训教材，主编《工程师职业素养》作为企业培训教材，并一直不断追求结构设计技术的传承与创新。

我的工作理念是“海不辞滴水，故能成其大；山不辞土石，故能成其高。”设计从来都不是靠闭门造车完成的，在日新月异的今天，要不断学习掌握新的知识和技术，不断向同行学习，才能做出贴近实际的工程设计。

### 四、主要获奖及论文情况

（1）主持设计的北京八达岭温泉度假村项目，2000年荣获部级优秀工程设计一等奖。

（2）主持完成的北京车道沟十号名邸项目，2010年荣获部级优秀工程设计一等奖。

（3）主持完成的中国兵器工业信息化产业基地项目，2011年荣获中国工业建筑优秀设计一等奖。

（4）主持完成的深圳嘉宾广场（爵士大厦）项目，2004年荣获部级优秀工程设计二等奖。

（5）主持完成的中国兵器北京光电信息技术产业园项目，2011年荣获中国工业建筑优秀设计二等奖。

（6）主持完成的河北省发改委综合服务楼项目，2016年荣获兵器工业优秀设计三等奖。

（7）主持完成的河北省群众工作中心工程，2018年荣获河北省优秀工程勘察设计一等奖。

（8）撰写的论文《六里桥北片危改小区11至14号塔楼结构设计概况》，1998年5月在《兵器工业基本建设学术研讨会》上发表。

（9）撰写的论文《K形管板节点受弯承载力试验研究与有限元分析》，2014年在《建筑结构学报》上发表。

（10）撰写的论文《钢骨混凝土框架柱在反复水平荷载作用下的变形性能》，2014年在石家庄铁道大学《国防交通工程与技术》上发表。

（11）撰写的论文《装配式建筑设计标准化的思考》，在《工业建筑》上发表。

（12）2002年4月被共青团河北省委授予“河北青年五四奖章”。

## 北京六里桥北片危改小区

建设地点：北京市六里桥西北
建筑面积：83 300 $m^2$
设计 / 竣工：1995 年 / 1999 年

本工程建筑物抗震设防烈度为 8 度，11 和 14 号塔楼为剪墙结构，抗震等级为二级；12 和 13 号塔楼为框支剪力墙结构，地上第 4 层为结构转换层，层高 2.2 m，部分用作设备间，框支体系构件抗震等级为一级，转换层以上剪力墙抗震等级为二级，裙房部分抗震等级为三级。

## 吉林东光集团长春高新区出口基地项目

建设地点：吉林省长春市
建筑面积：154 429.47 $m^2$
设计 / 竣工：2007 年 / 2009 年

本项目部分厂房采用抽柱设置托梁、纵向刚接取消柱间支撑等结构设计形成大空间，使工艺布置更加灵活，取得了很好的使用价值。并采用小吨位吊车厂房采用柱底铰接、所有厂房刚架梁采用变截面梁等结构设计降低造价，取得了很好的经济效果。

## 深圳嘉宾广场（爵士大厦）

建设地点：广东省深圳市
建筑面积：93 200 $m^2$
设计 / 竣工：1995—1998 年 / 1999 年
获奖情况：部级优秀工程设计二等奖

本项目是一栋综合商务建筑，设计于 1995—1998 年，建筑面积 93 200 $m^2$，地下 3 层、地上 27 层，建筑高度 99.9 m，采用框架－剪力墙板柱结构。基础为人工挖孔灌注桩，单桩最大承载力设计值 45 300 kN。主体楼板为无黏结预应力无梁大板，柱帽采用型钢抗剪构造措施，在当时的设计条件下具有创新性和突破性，标准层高为 3.2 m，板厚 270 mm。本项目经济效益明显，统计用钢量为 92 kg / ㎡，在当时同类建筑中具有先进性。本建筑内部功能、交通组织合理，建筑立面造型优美、别具特色，是在深圳市中心位置建成的一座靓丽的大型综合商务建筑。

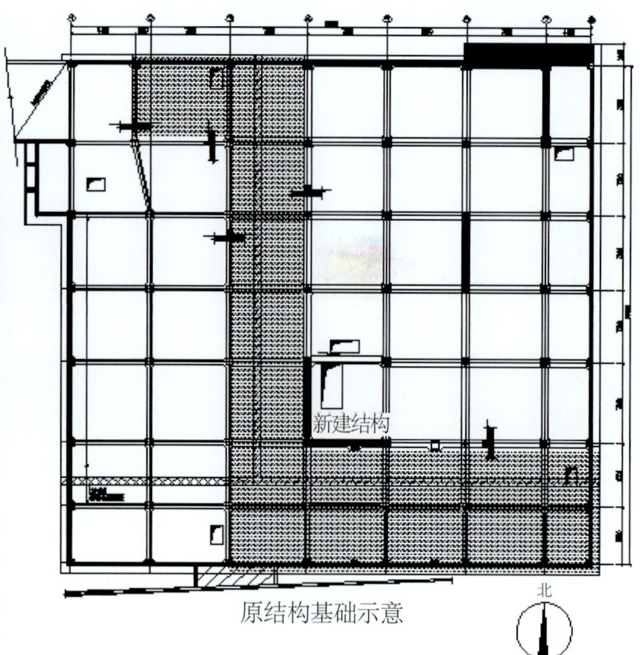


## 河北省发改委综合服务楼

建设地点：河北省石家庄市
建筑面积：12 740.98 m$^2$
设计／竣工：2010 年／2010 年
获奖情况：部级优秀工程设计三等奖

本建筑结构的安全等级为二级，建筑抗震设防类别为丙类，地下1层、地上10层，结构主体设计使用年限为50年。建筑结构位于7度地震烈度区，设计地震分组为第二组，设计基本地震加速度为0.1$g$。本工程地上采用钢框架－支撑结构，地下采用钢筋混凝土框架结构，墙体采用轻钢龙骨石膏板和轻质外墙挂板，主体计算嵌固端为地下室顶板，采用天然地基和筏板基础。

## 正定园博园主展馆

建设地点：河北省石家庄市正定新区
建筑面积：21 565.07 $m^2$
设计/竣工：2011 年/2013 年
获奖情况：部级优秀工程设计二等奖

正定园博园主展馆建筑设计，用钻石璀璨夺目的形象塑造了建筑标志性的外观。为实现建筑构想，结构设计采用双层表皮形式。为拟合钻石形象，外表皮采用钢管桁架结构，并使其适当倾斜，形成动势；内表皮为平面自由的混凝土框架结构外墙；内外之间在外表皮顶部通过结构桁架梁拉结，形成建筑设计要求的具有过渡性的灰空间。

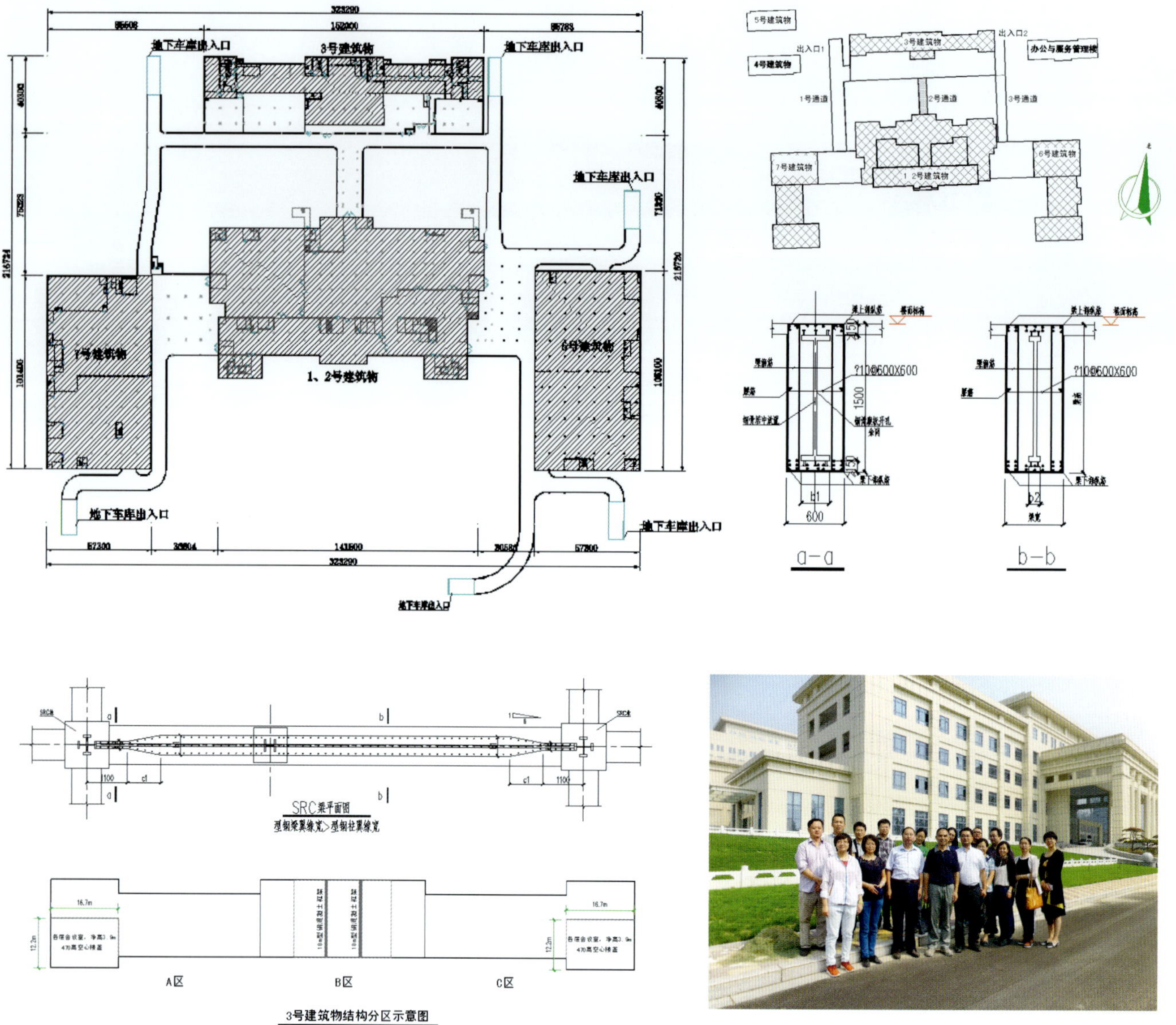


## 某政府办公楼项目

建设地点：河北省石家庄市
建筑面积：114 000 $m^2$
设计/竣工：2012 年/2015 年

本工程总建筑面积约 114 000 $m^2$，其中地上总建筑面积约 63 000 $m^2$，地下总建筑面积约 51 000 $m^2$。本项目设计要求体现“绿色低碳，科技智慧”的理念，但同时受建设标准和成本约束。新建、改建建筑物共由 8 个部分组成。其中，1、2 号建筑物为综合办公楼，地下 2 层、地上 4 层，建筑面积 32 659 $m^2$，结构形式为钢筋混凝土框架结构，地下 2 层为中小型汽车库，战时为常 6 级、核 6 级甲类人防物资库。由于结构体形复杂，利用防震缝将建筑分为 5 个规则的结构单元。结构东西长 134.6 m，属超长结构。大空间会议室采用单层大跨度结构，尺寸分别为 21.6 m × 39.2 m，18 m × 25.4 m，19.6 m × 25.9 m。

## 北京八达岭温泉度假村

建设地点：北京市延庆区
获奖情况：部级优秀工程设计一等奖

本项目占地150亩，其中水面占地50余亩，建筑面积33 000 $m^2$，是集住宿、餐饮、娱乐、嬉水活动等于一体的三星级酒店。本项目从建设用地1 km外引来地下2 000 m深的温泉，出口温度72 ℃，由此带动了以嬉水娱乐为主题的旅游活动。50余亩水面是原小清河由橡胶坝拦截形成的人工湖面，造景环境优雅。建筑场地属8度地震烈度，建筑物主楼为4层框架结构，坡屋顶由钢筋混凝土斜梁与水平连系梁组成。嬉水大厅别具特色，设1层地下室作为设备间、嬉水河道组织和人流出入口交通，上部为63 m×63 m的单层大空间结构，顶盖为四坡锥形网架，柱顶标高9 m，网架尖顶标高27 m，四坡锥形网架及大空间结构是本项目结构设计的亮点。

## 中国兵器工业信息化产业基地

建设地点：南京市工业园区
设计/竣工：2005年/2007年
获奖情况：中国工业建筑优秀设计一等奖

本项目占地450亩，规划建筑面积218 200 ㎡，其中一期建设90 000 ㎡，容积率0.79。本项目紧紧抓住信息化这个军事变革的核心和本质，切实提高自主创新能力和核心竞争力，充分利用原生产厂的各种有效资源，并整合兵器集团公司资源，组建兵器工业信息化产业基地，把基地建设成网络化、智能型、高效率的现代化科技园区，注重工房的标准化、模数化设计。设计遵循“实用、精致、精确”的原则。结构专业在单层厂房、科研楼、多层厂房等各单体中体现了建筑的经济性、安全性。本项目建成后已经成为南京市工业园区的名片。

# 齐建伟

河北省工程勘察设计大师，1986年毕业于哈尔滨建筑工程学院（现哈尔滨工业大学）工业与民用建筑工程专业，工学博士（天津大学）、正高级工程师、国家一级注册结构工程师、硕士生导师。现任中土国际科技集团有限公司董事长。

**社会任职**

河北省超限高层建筑工程抗震设防审查专家、委员会副主任委员，河北省工程勘察设计咨询协会副会长，河北省土木建筑学会副会长，河北省建筑业协会副会长，河北省建设人才与教育协会注册结构工程师分会会长，河北省土木建筑学会抗震学术委员会副主任委员，河北省土木建筑学会建筑结构学术委员会副主任委员，天津大学校友总会副会长。

**主持工程情况及荣誉**

从事设计工作30余年，主持和参与100余项工业与民用建筑项目设计，是CL体系的主要研发者，在混凝土结构、钢-混凝土组合结构、大跨空间结构、复合结构、新技术应用领域取得了突出成绩。代表作品有河北工业大学新校区、河北大学新校区、河北农业大学西校区、东华理工大学新校区、河北开元环球中心、石家庄人民会堂、石家庄国税局办公楼、河北省图书馆阅览楼等。获省部级优秀工程勘察设计奖20余项，多项工程填补了省内同类项目的空白，达到国内同期、同类项目的先进水平。同时，主持了“CL结构体系研究”“防屈曲支撑加固混凝土框架抗震性能的研究”“河北开元环球中心27~30层斜柱结构的若干关键技术研究”等省部级重大科技项目10余项，获河北省科技进步奖7项，发明专利10余项，发表《河北开元环球中心超高层结构设计》《防屈曲支撑加固混凝土框架设计研究》等20余篇学术论文。

**学术成就**

主编行业首部《CL体系技术规程》和河北省地方标准《钢管混凝土结构技术规程》《波纹钢综合管廊工程技术规程》《超限高层建筑工程抗震设防专项审查规定》等技术文件。作为多所高校特聘导师，指导硕士生30余名，为推动行业发展和加强对外学术交流做出了贡献。

**单位评价**

齐建伟同志具有良好的职业道德和社会形象，在国家、河北省多个学术团体中任职，在行业内广受赞誉，并在技术创新、新技术推广应用方面做出了突出的贡献，在本专业领域内开创性引入多项同期先进技术，如河北省首例钢管混凝土框架-核心筒结构，河北开元环球中心；河北省首个采用消能减震技术的建筑，河北省图书馆阅览楼加固改造项目；河北省第一个桩基础后注浆技术以及HRB400级钢筋应用项目，石家庄人民会堂等，创造了显著的经济效益、社会效益和环境效益。他是一名创造力丰富的设计大师，他对建筑的诠释、对材料的领悟以及对传统结构体系的运用都别具一格，他丰富的作品和结构哲学情怀深刻影响了众多设计师，他是大地设计品牌的缔造者。

## 家世源流

我出生、成长在河北省保定市蠡县郑庄村，这里民风淳朴、尚义重信。蠡县齐氏一族人丁兴旺、英才辈出，尊祀汉代北平大将军、关内侯齐盖为始祖。齐盖因捍卫汉室，终至捐躯殒首。东汉光武帝刘秀恢复汉室后，感念齐盖之功，追加谥号曰“礼”，迁葬于蠡县南庄村东南、屯里村西北，钦命建庙崇祀。从此，齐氏后人世居蠡县境内，繁衍生息，成为蠡邑望族。俗言“蠡县无二齐”，其源流都出自齐盖一脉。现大曲堤村南建有齐氏家祠，祠堂正门上方有民国总统徐世昌题写的“齐氏家祠”的正匾，左右两侧另有国民政府主席林森题写的“泽流东海”和国民政府司法院院长居正题写的“庄严肃穆”两块牌匾。三块牌匾均出自名人手笔，相映生辉。

生在这样一个富于家国情怀、敢于担当大义、勇于自我牺牲的显姓旺族，长在一个重视教育、开放包容、信守道义、诚实耐劳的老区热土，对我追求卓越、敢挑重担、敢为人先、永不言败的性格和行事方式的养成，有着潜移默化的作用。我以有这样深明大义的祖先而感到自豪，为能生在这样的忠义家族感到幸运。在族规家训的教导和感召下，我所有的努力奋斗和思想行为都朝着光大家族之德、提升自我价值、奉献社会大众、创造民生福祉的方向砥砺前行。

## 负笈求学

1982 年 9 月，在恢复高考制度之后，我作为郑庄村第一个大学生，背负着行囊，带着父老乡亲的期望和对未来的憧憬向往，依依不舍地离开了生我养我的故乡。辗转千里，我来到遥远的冰城——哈尔滨，在中国建筑“老八校”之一的哈尔滨建筑工程学院，开始了大学求学生涯，从此也就结下了和建筑事业的不解之缘。

哈尔滨建筑工程学院是我国建立的第一所全面学习

苏联教育经验的建筑类学院，时为建设部所属高校规格、层次最高的大学，创建了我国第一个工业与民用建筑工程专业，拥有一支业务素质好、教学经验丰富的教师队伍，其中有许多为苏联副博士，掌握着当时国际领先的建造技术。

高标准、严要求是哈尔滨建筑工程学院的历史传统，其校训为“忠诚、进取、求实、创新”。此八字被广大师生、员工和校友誉为“哈建工精神”。这种精神是学校历代师生共同奋斗锻造而成的，是学校不断向前发展和繁荣的力量源泉，这种精神潜移默化地塑造着我的世界观。

在哈建工学习期间，老师们渊博的学识、严谨的作风深深地影响着我，他们不仅悉心传授建筑专业知识，培养学生发现问题、分析问题和解决问题的能力，同时在做人做事方面为人师表，为我树立了榜样。在本科学习短短的 4 年时光中，我形成了正直、进取、严谨的性格，奠定了扎实的专业基础。

## 六院起步

1986 年 7 月，我被分配到中国兵器工业部第六设计研究院土建室计算站，主要从事结构的电算以及建筑 CAD 辅助设计工作。计算站的马桂荣老师是南开大学数学系高才生，技术水平很高。在马老师的悉心指导下，我刻苦钻研，很快在结构计算和分析领域崭露头角。1990 年 3 月起，我调到土建设计室，开始了结构设计的工作。大学 4 年的结构专业功底再加上 4 年电算结构分析的经验，让我的个人优势逐渐显现。

兵器部六院有“传帮带”的传统，当时我的导师是土建室组长张洪波。他毕业于天津大学，专业技术精湛，对年轻人敢于提拔任用。我在六院的16年里，受到张洪波、杨家源、周炳良等前辈的指导，先后参与和主持了数百项工程设计，其中石家庄日报社、河北邮电大厦、石家庄国税局大楼、石家庄广安大厦、石家庄世贸广场大酒店和石家庄国税局办公大楼等建筑，均是当时石家庄市的标志性建筑。

与工作导师张洪波书记（右一）捐助黎明希望小学

经过多年的经验积累，我的专业能力得到了业界的肯定。我团结同志，不计名利，有大局意识，善协调管理，一步步从技术岗位走向管理岗位，成为兵器部六院的中坚力量。2001年，我被任命为第三设计所副所长，参与和主持了包括东华理工大学、河北农业大学、河北大学、河北工业大学等大批知名大学的设计与管理工作。

兵器部六院人才济济，学术气氛浓厚，在这样的工作氛围中，我迸发出了无限的工作激情和拼搏干劲，更感受到在高手如林、竞争激烈的工作环境下的压力。于是，在学无止境、勇攀高峰的潜在动力助推之下，1996年9月我进入了天津大学管理科学与工程专业硕士班继续深造，在强化专业学习的同时，接受工程管理方面的教育。1999年3月，我顺利毕业并取得了天津大学工学硕士学位。2001年，在余庆荣、康谷贻两位教授的举荐下，我荣幸地拜王铁成教授为师，成为天津大学土木工程学院的一名在职博士研究生。在恩师的谆谆教诲下，我的结构设计理论水平得到进一步提升，对于结构设计和结构概念有了崭新的认识。

与导师合影

可以说，在兵器部六院工作的16年，是我结构设计和管理起步的阶段，每每想起六院，我就心绪难平，由衷感谢六院领导对我的栽培，感谢曾经给予我帮助和支持的同事们，感谢使我进一步开阔视野、提升理论功力的业界前辈。在今后的人生道路上，我会永远带着这份感激、感恩的心情，不忘初心，牢记使命，努力奋斗，砥砺前行。

## 下海搏击

21世纪持续改革开放的浪潮冲击着我的内心，也许是担心国企四平八稳的工作磨灭了自己的意志，也许是传统的管理机制已不再适合自身发展需要，经过深思熟虑后，不甘平庸的我在2003年毅然辞去六院的公职，加入中土大地国际建筑设计有限公司的前身——河北大地土木工程有限公司，踏上了下海搏击之路。这一步对于我来说，虽是艰难痛苦的抉择，却让我把握住了二次创业的机遇，得以更加全面、有效的服务社会。

齐建伟 ○

河北大地土木工程有限公司原来是建设部的勘察设计试点单位，成立于1997年，隶属于河北省建设委员会，2000年改制为民营股份制企业。我加入的时候被任命为副总经理，主管公司设计板块的工作。公司当时虽然已经具有甲级设计资质，但是专业设计人员少，技术水平参差不齐，设计能力普遍偏低。我积极引进人才、培养团队、开拓市场，在公司管理层的协助下，在全体员工的共同努力下，经过多年的拼搏，公司现在已经发展成为河北省内的一流公司，并在超高层建筑和医疗建筑设计领域独树一帜，成为业界的中流砥柱。

2005年团队出游

在做大做强设计院的同时，我还抓住时机，积极开拓，进入施工图设计审查领域，于2009年成立了河北建伟工程设计咨询有限公司。从一开始，我们就以做设计的精神去做施工图设计审查工作，坚持高起点、高站位和高质量的原则，很快在这个领域站住了脚，并成为河北省首家全行业、全资质的施工图设计审查机构。

这些年来，随着公司的不断发展壮大，经济实力、技术实力持续增强，社会影响力大幅提升，公司也改名为中土大地国际建筑设计有限公司，能够提供从咨询、勘察、设计、施工图审查，到施工、检测全过程、全产业链的优质服务。我个人也被推举为董事长，成为大地公司的掌舵人。同时我还兼任了许多社会行业团体的领导职务：河北省土木建筑协会副会长，河北省工程勘察设计咨询协会副会长，河北省建筑业学会副会长，河北省土木建筑学会工程抗震学术委员会副主任委员，河北省建设人才与教育协会注册结构工程师分会会长，《建筑结构》（中国科技核心期刊）理事，《工业建筑》（中国科技核心期刊）理事，《工程抗震与加固改造》（中国科技核心期刊）理事等。

## 成绩与感悟

回顾30多年来的工作，取得了一些成绩，也有一些心得和感受。

首先，要用创新去适应新环境、新形势、新要求。土木工程行业作为人类历史上最为古老的职业之一，必须不断更新观念，敢为天下先才能满足时代的需要，跟上时代的步伐。作为结构工程师，必须勇于创新、勇于突破，才能有所作为。在我从业的30多年里，始终把追求技术进步、勇于采用新技术作为指导结构设计的工作方针。其中，我们设计的河北开元环球中心作为2007年河北省首例钢管混凝土框架－核心筒结构，至今仍是河北省最高建筑；石家庄人民会堂早在2001年就创新性地采用了桩基础后注浆技术，并率先采用了HRB400级钢筋，在当时河北省乃至全国均处于领先水平；1995年设计的广安大厦为河北省首个百米高层商住楼，并创造性地采用了大开间剪力墙结构体系，既做到了安全，又满足了业主经济性的要求；1995年主持设计的世贸皇冠酒店项目，因建筑功能调整，大面积采用粘钢技术进行了结构主体的加固改造，当时在全国尚属少见；河北省图书馆阅览楼为河北省首个采用防屈曲支撑的公共建筑物，开创了消能减震技术在河北省加固改造中应用的先河，保证了这一省重点项目的按时竣工。我们的多数项目填补了省内同类项目的空白，达到了国内同期、同类项目的先进水平。

其次，要用理论去总结实践、指导实践、丰富实践。要想做好结构设计，做到技术进步，必须把理论和实践结合起来，必须把科研和设计结合起来。“纸上得来终觉浅，绝知此事要躬行。”在从事管理、设计工作之余，我还涉足科研领域，不断在混凝土结构、钢－混凝土组合结构、大跨空间结构、超高超限和复杂结构、结构抗

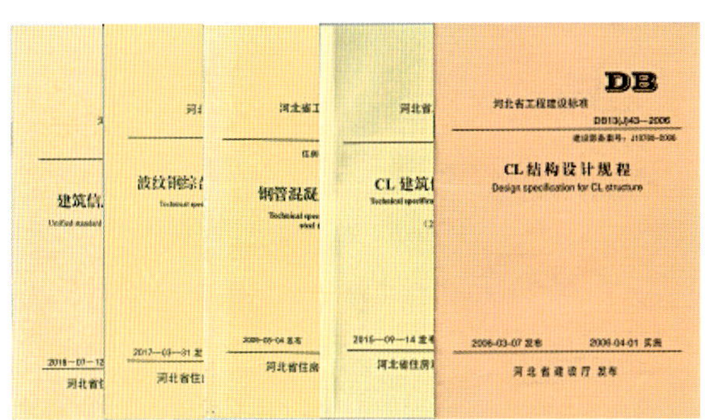

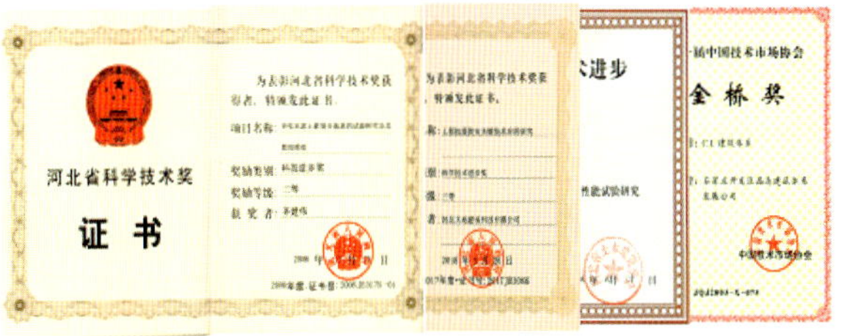

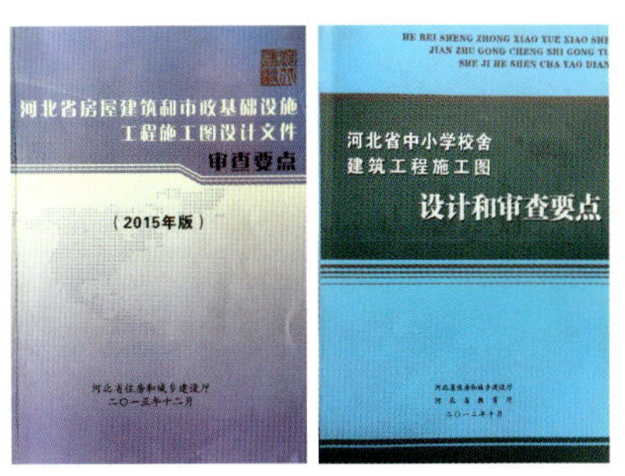

震和减隔震、复合结构等领域进行探索实践，主编了行业内首部《CL 体系技术规程》和河北省地方标准《钢管混凝土结构技术规程》《波纹钢综合管廊工程技术规程》《超限高层建筑工程抗震设防专项审查规定》等技术文件；主持和参与了省部级重大科技项目 10 余项，获省部级优秀工程勘察设计奖 20 余项，河北省科技进步奖 6 项，发明专利 10 余项；在国内核心期刊上发表《河北开元环球中心超高层结构设计》《防屈曲支撑加固混凝土框架设计研究》等 20 余篇学术论文。

最后，要用市场去考验公司、发展公司、衡量公司。时代的变化一日千里，各行业之间的界限越来越模糊，建筑业的发展也处在前所未有的变局之中。人工智能、BIM 应用、绿色建筑、装配式建筑等正在不断冲击和改变着这个传统的行业。国家的建设体制也在由设计和施工相分离向工程总承包过渡，EPC、PPP 等也给我们公司带来了前所未有的挑战。如何使结构设计、结构工程技术更好地适应和服务于土木工程行业，也是每一个结构工程师面临的挑战。我在中土大地国际建筑设计有限公司这 16 年的创业发展过程中，公司由小到大，由弱到强，由默默无闻到蜚声业界，由小体量到大个头，从公共建筑设计到医疗建筑设计、场馆建筑设计、工业建筑设计、文教建筑设计、居住建筑设计，市场不断拓展，触角持续延伸，有影响力的设计成果俯拾皆是，实现了量的发展和质的飞跃。而且大地检测、建伟审图、大地加固和大地工程都成为一个个响当当的品牌。成功的原因有很多，除了团队团结协作之外，时刻把“改革与变化”作为民营企业的灵魂紧紧抓住不放，把市场作为未来民营企业发展的风向标紧紧抓住不放，在异常激烈的建筑市场竞争中，把握先机，因势利导，提前做好产业链布局也是重要的原因。这些年来，防范和化解各类风险，保持民营企业健康有序可持续发展，并不断保持业已取得的骄人成绩，让政府放心、社会关心、员工安心、用户满意，取得更好的经济效益、社会效益和安全效益，为河北的民生福祉发展做出更多的贡献始终是我领导公司发展的准则。

转眼之间，16 年就要过去了，我会在政府主管部门的关心支持下，与全体员工齐心协力，共谋发展，为进一步推动公司尽早成为新时代现代化的科技创新型企业，为开创公司更加美好、更加辉煌的明天，百尺竿头，更进一步，而勇往直前、不懈奋斗。

## 河北开元环球中心

建设地点：河北省石家庄市
建筑面积：179 000 m²，地下4层、地上53层
设计/竣工：2008年/2013年
获奖情况：2013年度河北省优秀工程勘察设计一等奖

该工程基础采用钢筋混凝土桩筏基础，主体为钢管混凝土框架-混凝土核心筒结构，是河北省首座混合结构的超高层建筑。其中，提出了多项关键技术：（1）为应对核心筒高宽比达到20：1，设置3道伸臂桁架，以满足水平位移要求；（2）设置斜柱转换，解决竖向柱网不一致问题；（3）单桩承载力特征值达12 000 kN，首创性采用后注浆技术，采用变刚度调平理论，减小了桩长，沉降控制合理；（4）大跨宴会厅部分采用钢管桁架；（5）提出一套钢管混凝土的检测方法，确保工程质量等。

## 联邦·东方明珠

建设地点：河北省石家庄市
建筑面积：484 000 m$^2$
设计 / 竣工：2006 年 / 2008 年

本项目地上 29 层，裙房 5 层，地下 4 层。其中，-2 至 2 层为商业街，3 至 5 层为跃层公寓，6 层为四季海滨生态公园，7 层以上为高档住宅，地下 3 至 4 层为停车库。该项目致力于强力打造集高档住宅与娱乐、餐饮、商业、生态环境建设于一体的大型建筑群。建筑布局采用大底盘多塔体多层并列连接的方式，最大限度地利用现有土地资源；在地下 2 层打造石家庄最大规模的欧美风情室内步行街；利用裙楼屋顶建造亚洲最大的空中四季海滨生态公园，公园涵盖 7 栋住宅的 5 层高度，全部由大型钢结构和全封闭中空高透光率玻璃框架围合而成，是世界顶级酒店花园技术与最前沿科技完美结合的杰作；公园内完全模拟自然原生态的热带雨林气候，营造出一片“北国海南”的情调。

联邦黄金海岸公馆
联邦空中花园
高薪诚聘
ICBC

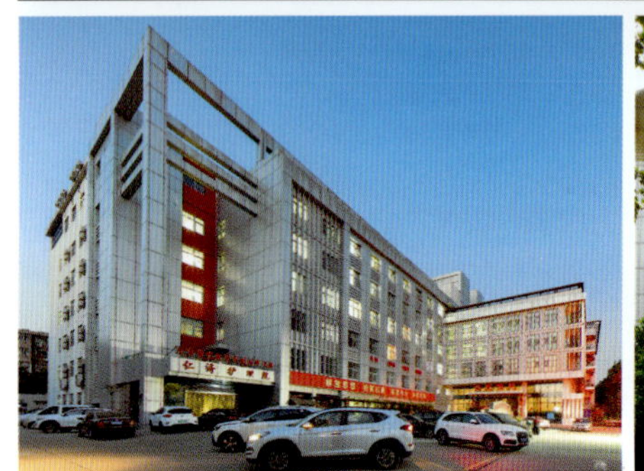

## 河北省残疾人联合会训练中心

建设地点：河北省石家庄市
建筑面积：37 000 m²，地下 1 层、地上 5 层
设计 / 竣工：2006 年 / 2007 年
获奖情况：2008 年度河北省优秀工程勘察设计二等奖

本工程主体采用钢筋混凝土框架 - 剪力墙结构，楼盖采用钢筋混凝土双向密肋楼盖。本建筑为多层大跨度体育类建筑，是河北省首座残疾人体育训练馆，能够进行游泳、坐式篮球、羽毛球等多项体育训练和比赛，是河北省参加 2008 年残疾人奥运会的体育训练馆。训练中心作为中国残疾人体育训练基地之一，是一所适合残疾人使用，具有无障碍设施及残疾人特殊体育器材的体育场馆，为河北省残疾人体育运动的开展提供了有力支持；托养中心更为广大残疾人健身康复、发挥潜能、展示才华、全面融入社会生活、共享人类文明成果起到极大的促进作用。本工程的建成填补了河北省内此类工程的空白。

## 石家庄人民会堂

建设地点：河北省石家庄市
建筑面积：38 000 $m^2$，地下 2 层、地上 4 层
设计/竣工：2000 年/2003 年
获奖情况：部级优秀工程设计一等奖

本项目为 2000 年石家庄市 1 号重点工程，主要功能为会议厅，同时兼顾剧场、影院、体育馆和办公。本工程创新性地采用了一系列新材料、新技术和新工艺，解决了建筑功能复杂、空间变化大、结构设计难题多的问题。（1）桩基采用旋挖成孔并后注浆新工艺，承载力提高 80%。该项技术当时在河北省乃至全国均处于领先水平，国家行业标准《建筑桩基技术规范》（JGJ 94—2008）纳入了该项技术。（2）新材料：采用 HRB400 级钢筋代替原来普遍采用的 HRB335 级钢筋。（3）立体组合网架与悬索结构相结合，解决了建筑造型问题。（4）屋面荷载较大的大跨空间部分采用预应力框架梁，解决了层高紧张的问题。（5）新技术、新措施：对轴压比较大的剪力墙的边缘构件（暗柱）箍筋进行提高，此项抗震措施在《建筑抗震设计规范》（GB 50011—2001）中才有明确条文。（6）采用无声爆破法去掉了大厅的 8 根混凝土柱，并辅以粘钢、植筋以及基础的加固措施，实现了大厅无障碍面积的增加。

## 兵器工业集团总公司办公大楼改造工程

建设地点：北京市
建筑面积：60 000 m$^2$，地下2层
设计/竣工：1995年/1999年
获奖情况：2002年部级优秀工程设计一等奖

兵器工业集团总公司办公大楼是原“四部一会”大楼的一部分，建于1954年，是北京20世纪60年代“十大建筑”之一。主体建筑为砖混结构，中厅部分为内框架结构，按照现行规范属于严重超高超限建筑，不满足抗震设防要求，因此必须对原建筑物进行加固。

为了不破坏原建筑物外观效果，且满足现行规范的要求，创新性地提出增加抗震墙和钢丝网喷射混凝土法，达到调整建筑物的刚度、增加墙体的抗震性能的目标，满足抗震要求。对于中厅部分，按规范要求，内框架结构仅能做5层、高15 m，而该部分为6层，局部8层，最高达33 m，一般的加固方法无法满足抗震要求，首创性地制定出通过植筋喷射混凝土法将原砖墙改为砖-混凝土复合墙体，使原内框架结构改为外筒内框架混凝土结构，从而满足了抗震的需要。

## 石家庄广安大厦

建设地点：河北省石家庄市
建筑面积：60 000 m²，地下2层、地上33层
设计/竣工：1995年/1999年
获奖情况：2002年部级优秀工程设计一等奖

本建筑为石家庄首个百米高层商住楼，主体采用大开间钢筋混凝土剪力墙结构，裙房为框架结构，主体部分基础采用箱形基础，裙房部分基础为钢筋混凝土十字交叉梁基础。

## 石家庄世贸皇冠酒店

建设地点：河北省石家庄市
建筑面积：70 000 m²，地下3层、地上28层
设计/竣工：1995—1998年/2002年
获奖情况：2002年兵器工业建设协会颁发的部级一等奖

本建筑为石家庄首个中外合资五星级酒店项目，主体采用钢筋混凝土框架－剪力墙结构。本工程技术突破有：（1）百米高层采用天然基础且不进行地基处理，改变了本区域只采用人工挖孔桩的工程惯例；（2）项目前期定位为5A级办公楼，后期改造为酒店，在河北省首次采用粘钢加固的技术方法，开创了河北省既有建筑加固改造的先例。

## 石家庄 511 人防综合楼

建设地点：河北省石家庄市
建筑面积：14 800 m²，地下 2 层、地上 15 层
设计 / 竣工：2007 年 / 2009 年

本项目为突发性灾害指挥中心，地下为战时人防指挥中心，是石家庄市重点工程。本建筑物位置显要，造型新颖，立面设计将组成各立面的元素进行解构，强调其端庄、挺拔的特点，突出四个立面形成的整体效果，使南北立面两端竖向实墙面烘托中央圆弧横向条窗，从而形成整体幕墙体系。本项目主体采用钢筋混凝土框架－剪力墙结构，基础采用钢筋混凝土筏板基础，地下室为核 4B 级人防。

## 石家庄安侨商务综合楼

建设地点：河北省石家庄市
建筑面积：35 000 m²，地下 2 层、地上 15 层
设计 / 竣工：2007 年 / 2009 年
获奖情况：2006 年度河北省优秀工程勘察设计二等奖

本项目立面造型采用现代风格，力求简洁、大方，局部采用点式玻璃幕墙，体现高科技特性；立面设计中结合内部使用合理布置外窗、玻璃、铝板等，体现了鲜明的时代特征，从而使整栋建筑俊秀、挺拔，整体感强。

本工程主体采用钢筋混凝土框架－剪力墙结构，基础采用钢筋混凝土筏板基础。

## 石家庄人力资源配置中心

建设地点：河北省石家庄市
建筑面积：17 000 $m^2$
设计/竣工：2004 年/2005 年
获奖情况：2007 年河北省优秀工程勘察设计二等奖

本建筑地下 2 层、地上 16 层，基础采用钢筋混凝土筏板基础，上部结构采用钢筋混凝土框架－剪力墙结构，为改扩建工程。新建部分采用双排柱钢筋混凝土框架结构。原建筑建于 20 世纪 80 年代，已不能满足现在的需要，通过制定性能化的抗震加固设计方案，使这项北京市政府的重点利民工程得以实现，并取得了良好的社会效益。

## 石家庄日报社新闻大厦

建设地点：河北省石家庄市
建筑面积：21 000 $m^2$，地下 2 层、地上 22 层
设计/竣工：1991—1992 年/1994 年

石家庄日报社新闻大厦位于石家庄市中山路与育才街交叉口东北角。建筑立面设计取自书刊的意向表达，通长窗带与上下层窗间墙形成文字表现，展现出书香墨彩的文化气息。主体采用钢筋混凝土框架－剪力墙结构，当时为河北省最高建筑。

## 石家庄东海大厦（东海汽车配件中心）

建设地点：河北省石家庄市
建筑面积：110 000 m²
设计/竣工：1995 年/1997 年

本工程由两座33层塔楼和下部4层裙房组成，集商业、宾馆、住宿于一体。塔楼与裙房设防震缝，塔楼采用钢筋混凝土剪力墙结构，群房采用钢筋混凝土框架结构。塔楼基础采用扩底墩，裙房基础为十字交叉梁。

此项目是首个完全采用计算机辅助设计的示范项目，从结构计算到出图，实现了全过程计算机操作。

## 中国注册会计师协会河北培训中心

建设地点：河北省石家庄市
建筑面积：18 000 m²
设计/竣工：2006 年/2009 年

本项目位于石家庄市建民街和康乐街东南角，规划总用地面积4.896 ha，其主要职能是为全省注册会计师继续教育提供教学服务，同时面向社会各界提供会议、培训、远程视频、微机电算化等相关服务。本项目主要包括教学楼、注册业务楼、宴会厅、报告厅、学员宿舍楼、运动场等。

## 唐山皇冠大酒店

建设地点：河北省唐山市
建筑面积：43 400 $m^2$，地下1层、地上13层
设计/竣工：2006年/2008年

该项目位于唐山市唐海县，建筑采用曲面环带对称布局，首层布置开敞大堂，展现建筑的大气、开放之美，采用框架－剪力墙结构，为五星级酒店。

## 洛阳市国税局综合楼

建设地点：河南省洛阳市
建筑面积：22 900 $m^2$，地下1层，地上21层
设计/竣工：2006年/2008年
获奖情况：2002年度中国建筑工程鲁班奖

洛阳市国税局综合楼位于河南省洛阳市西工区行署路25号，功能定位为智能办公大楼，主体采用框架－剪力墙结构，主楼中心筒基础底板长26.4 m，宽17.4 m，局部宽2.6 m。

## 承德行政中心

建设地点：河北省承德市
建筑面积：43 600 $m^2$，地下1层、地上21层
设计/竣工：2006年/2008年

该项目为承德市综合行政中心，采用框架－剪力墙结构，整体布局通过高低错落式建筑展现稳重、大方、对称、端庄的建筑基本特点。建筑表皮利用石材与玻璃的组合形成纵向线条，使大楼显得更加挺拔。外墙采用三段式新古典主义设计风格元素，建筑立面通过石材的划分，以简洁整齐的小划格为主，尺度与玻璃幕墙及立面单元的模数相匹配对位，以体现政府办公建筑的稳重、平和及亲切。将交通核心分列中央大厅两侧，使办公空间相对集中，在中心拥有一个通畅、明亮的生态中央大厅，体现“以人为本”的设计理念。通过这样的组织，办公区完整、灵活、分合自由，既可以适应各部门不同的需求，又可以合理地分散人流，使各办公区相对安静，减少不必要的窜流与干扰。建筑分区简洁明确、一目了然，所有功能房间方正，且方便使用。

## 河北农业大学西校区

建设地点：河北省保定市
建筑面积：420 000 m$^2$
设计/竣工：2001 年/2003 年
获奖情况：2008 年度河北省优秀工程勘察设计二等奖

河北农业大学西校区位于保定市市区西南部。该项目是为适应学校教育改革的发展形成的以生命学科为中心的新校区，是实现学校超常规、跨越式发展的重要举措，在教学、科研和管理上是河北农业大学的重要组成部分，办学定位为教学与科研并重的模式。

本项目规划总用地面积约 66.97 ha，规划学生人数为 15 000 人，总建筑面积为 420 000 m$^2$。其空间构图简洁清晰，以圆弧形道路构成校园空间骨架，围合主要教学功能和中心绿地，成为学校的标志性空间；采用轴线和网格式的建筑布局，适应教学单元的灵活性和生长性需求，并满足未来发展需要；将周边城市的环境和自然要素引入校园，塑造出多层次的校园环境，符合生态设计原则，满足学习、生活和交往的需求，体现出河北农业大学的风貌和特色。建筑主体采用钢筋混凝土框架结构。

## 东华理工大学南昌校区

建设地点：江西省南昌市
建筑面积：353 000 $m^2$
设计/竣工：2002 年/2005 年
获奖情况：教学楼获国家建筑行业鲁班奖

东华理工大学（原华东地质学院）是一所国防科工委与江西省共建的多学科理工类院校。本项目占地 58 ha，分别设有文学院、理学院、工学院、商学院、法学院、软件学院、管理学院等二级分院。

本项目位于南昌市经济技术开发区，遵循“以人为本”的原则，充分尊重自然环境，形成自由布局的新校园格局；强化校园内外环境的融合渗透，强调与城市的对话，有效发挥空间环境构成的人文价值；创造“智能型校园”，建立动态的教学环境和交流空间。根据现代高等教育学科不断繁衍创新，学校设施多用途、高效率利用的特点，规划采用典型化的建筑单元，既保证各学科的相对独立，又便于相互交流；教学建筑形成集中式、组团式的模式，使各单元之间的交流完成于庭院环境间。完善的使用功能、开放高效的环境、灵活多变的教学单元构成智能型校园，顺应高校教育发展的要求，建设开放型、园林式的现代校园形象。校园内部环境促进校园内各种活动的交融，开放的结构使外部空间、建筑群体形象得到充分展示，形成优美的城市景观；尊重老校区原有格局，使其方格网的框架结构在整体的自由格局中既对比又统一，在产生和谐美的基础上也尊重了老校区的人文环境。

规划采取自由式布局和传统中轴对称布局相结合的手法，形成校园布局的基本框架，在校园东、西入口之间形成一个横向主轴，并以一条 S 形主路贯穿整个校园南北向，串联了校园所有的功能区。规划将校园划分为校前行政办公区、综合教学区、核心区、学生公寓区、运动区、科技研发区和外事交流区，力求将人工环境和自然环境融为一体，充分保护现有植被、山体和水系，使建筑置于绿色之中，同时保证一定的预留发展用地，为学校的进一步发展留有余地。

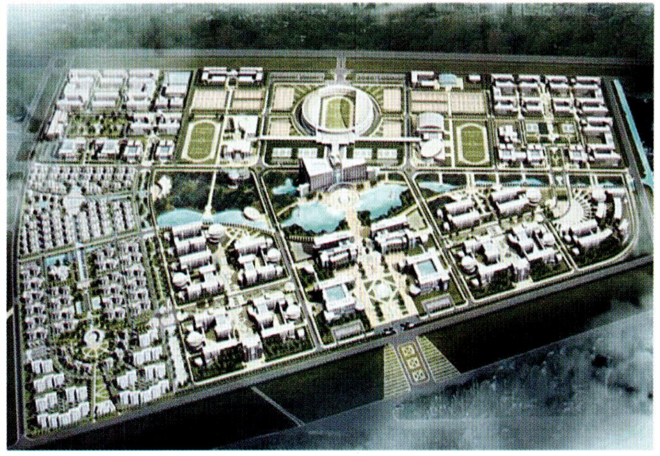

## 河北工业大学新校区

建设地点：天津市北辰区
建筑面积：1 050 000 m$^2$
设计 / 竣工：2002 年 / 2008 年

河北工业大学是一所以工为主、多学科协调发展的国家“211 工程”重点建设的河北省属骨干大学。该学校的前身是创办于 1903 年的北洋工艺学堂，是一所拥有百余年历史的名校。本项目位于天津市北辰区双口镇工业区内，东距学校本部 15 km，南临津保高速公路，西临京福公路，北临津永公路，交通非常便捷。项目总用地 213 ha，在校学生规模 3.5 万人。校园分为公共资源区、教学实验区、学生生活区、体育运动区、教工生活区、生活后勤区和外事接待区。各区相对独立，并在校园空间上对周围环境和交通做出积极响应。

本项目规划理念的形成来源于对现代校园新老和谐化、生态园林化、专业特色化三大发展趋势的再思考。校园特色形成的根基在于校园文化的发掘与时代特征的体现，从新老校园和谐共生、学科专业特色、生态环境特色三个层面入手，寻求校园文化与规划理念共同的文化根源，营造传统文化与时代特征共辉的特色校园。

在设计理念上，塑造整体性校园，强调新老校区的共生、共享、共荣；构建具有学科特征的人文校园，强化工学并举的办学理念；营造以绿为核、以水为源的生态校园。在校园结构上，形成“两轴、多环、多心”的规划结构，体现学校理性与创新的校园特色。“两轴”指校园南北和东西空间景观轴，南北轴贯穿校园的核心公共空间，并成为组织校园建筑空间秩序的骨架，东西轴为曲水景观轴，是师生活动交流的主要场所；“多环”指环环相扣的道路网，体现人车分流的交通体系；“多心”指校园核心公共空间节点，结合校园主次轴线交点，规划组织了 7 个主要景观节点，具有不同的景观特色与文化主题，架构起校园整体格局与景观体系骨架。

校园各项目单体，主体结构以钢筋混凝土框架结构和钢筋混凝土剪力墙结构为主，同时开创性地采用高强钢筋、CL 结构保温一体化技术等多项新技术、新工艺。

## 河北大学新校区

建设地点：河北省保定市国家高新区
建筑面积：256 000 m²
设计 / 竣工：2003 年 / 2006 年

本项目位于河北省保定市东外环路以东，七一路以北，总用地面积约 100 ha。在缺乏山、水等自然环境要素以及用地紧张的条件下，规划设计从理性与人文交融的理念出发，充分结合地域建筑文脉，运用轴线、方格网与院落式建筑等空间构成语汇，塑造兼具几何秩序与流动秩序两种空间特性的校园空间，从而实现理性与人文交融理念在空间上的物化。

## 镇江奇美化工有限公司

建设地点：江苏省镇江新区
建筑面积：7 035 m$^2$
设计/竣工：1997 年/1999 年

本项目位于江苏省镇江新区临港工业园，在长江中下游的南岸，总建筑面积为 7 035 m$^2$。

本项目在奇美化工圖山区生产预留地内建设，工程包括厂房、库房、辅助用房及道路、设备基础、官网等施工工程。

## 中国集装箱生产厂房

建设地点：广东省深圳市
建筑面积：90 000 m$^2$
设计/竣工：2002 年/2002 年

本工程为大型工业园，厂房采用 18 m 跨、12 m 柱距、钢架结构，吊车梁及制动架均为自行设计。该建筑物位于深圳蛇口码头，填海而建，地质情况较为复杂，甲方要求当年设计，当年施工，当年使用，故历时仅 3 个月就完成了全部设计任务。

## 石家庄剑桥春雨小区

建设地点：河北省石家庄市
建筑面积：577 400 m$^2$
设计/竣工：2004年/2007年

本项目为石家庄市首个大型精装修高层住宅小区，占地面积16.06 ha，总建筑面积577 400 m$^2$。项目充分考虑地域的自然条件、水脉走向、季风方向，采用由西北向东南三条自然水系布置社区景观，由对角斜向设计的绿轴自然将小区分成两个大的住宅组团，并以中水处理系统的景观水系为要素分层展开，将点、板住宅环布其间，使社区春意盎然，使健康环保的特点分外鲜明，被石家庄市房地产协会、建设协会评为“2004年度最值得期待的楼盘”。

本项目高层住宅部分采用钢筋混凝土剪力墙结构，高层办公楼采用钢筋混凝土框架-筒体结构，商业裙房采用钢筋混凝土框架结构，车库采用无梁楼盖。

**单位评价**

郭书普自1996年参加工作至今，一直从事结构设计工作。

郭书普同志干一行爱一行，将本职工作融入到血脉和生命中，无论是理论学习还是工作实践，均潜心研究规范，虚心求教解惑，精心完成工作，细心总结工作方法，从干中学到学中干，由青涩到成熟再到工程大师。

郭书普同志勇于创新、敢于担当，将结构设计演绎成了结构革新设计，在每一个新的设计项目中融入新的结构设计元素，使之成为又一个新的设计起点，诞生了泰安道五号院、于家堡03-16超高层设计等业界的设计标杆和一系列的成绩。

作为公司结构专业的总工程师，郭书普同志严于律己、率先垂范，并且谦虚谨慎，出色发挥了传帮带的作用，得到了同事们的尊敬与支持。

郭书普同志怀着以终为始的信念，为公司发展乃至河北省建设事业的发展增砖添瓦、砥砺前行！

# 郭书普

1973年12月出生，河北省衡水市人，1996年7月毕业于华北水利水电学院土木系工业与民用建筑专业。

1996年7月—2001年1月就职于河北省建筑设计研究院设计一所，任工程师；2001年1月—2012年5月就职于天津华汇工程建筑设计有限公司，任副总结构师，国家一级注册结构工程师，高级工程师；2012年5月至今就职于河北九易庄宸科技股份有限公司天津分公司，任总经理，国家一级注册结构工程师，正高级工程师，总工程师，河北省工程勘察设计大师。

# 个人自传

郭书普1996年7月毕业于华北水利水电学院土木系工业与民用建筑专业，同年进入河北建筑设计研究院有限责任公司（原河北省建筑设计研究院），开始了自己结构专业设计的职业生涯。

在省院，师傅对郭书普在技术上的要求极其严格，每一个细节都不放过、不含糊，甚至一根针掉在地上的负载都要计算。那个时候计算机制图尚未广泛应用，设计图上的每一条直线、每一个数字都是设计师一笔一笔画、标上去的；一点点的失误就会导致整张图的返工。所以，一张图反复画好几遍是再正常不过的事情。每每深夜，省院工作室为数不多的几个在灯下画图纸的身影里总少不了郭书普。每个项目完成，递到甲方手里的图纸上都浸满了设计师的智慧、心血和责任。凭着自己的天资和努力，加上省院刁朝位（河北省工程勘察设计大师）的悉心指导，郭书普很快在专业中脱颖而出，后被派往上海分院工作学习。上海是国际经济、金融、贸易、科技创新中心，在这里永远有有志青年学不完的东西，有足够广泛的施展才华的空间，有足够大的学习提升的平台。依旧是披星戴月、反复计算画图，但不一样的城市、不一样的任务、不一样的起点让郭书普总是兴奋不已、精力充沛。在上海分院的日子里，郭书普对高层建筑结构设计的设计节点和技术要求已经了如指掌，上海上实华苑住宅、梅陇莲城住宅小区等高层住宅已经数不胜数，上海大学新校区、大都市鲜花港等公共建筑的结构设计也能非常顺利地完成设计，几近信手拈来的程度。4年后再回到省院，当年血气方刚、永远不知疲倦的小伙子已经历练成自信、成熟、对设计有自己独特见解和对技术有更高追求的领军型人才。

2001年1月，由于河北省建筑设计研究院和天津华汇工程建筑设计有限公司项目合作的契机，郭书普加入了天津华汇工程建筑设计有限公司的优秀设计团队，并先后任职结构主任工程师、结构副总工程师。在华汇，郭书普结识了著名建筑设计师周恺先生，在华汇结构总工左克伟先生的指导下，郭书普协同周恺先生一起完成了众多项目。周恺先生做建筑一直坚持的观点是以相融的方式建造，使他的作品谦虚而独特。他的设计在满足甲方要求的同时始终关注空间的营造，让建筑成为一个连贯的空间体验。而实现不一样的空间体现，不仅体现了建筑师的创意和功底，同时也是对结构设计师的巨大考验。

周恺先生一个个优秀方案给结构设计师一次次提出难题，而在众多结构设计师认为无法实现的设计节点上，郭书普总能有所突破，创造出新的技术打破常规做法，帮助周恺先生实现了空间造型。完美的方案设计辅助以无暇的结构技术支持，那一时期郭书普带领结构设计团队打造出了不少非凡的、值得观赏和品味的作品，同时这些作品也不失其合用性及与城市的融合性，公司也因此得到长足的发展。同时期，郭书普先后发表《东莞某钢砼组合结构图书馆结构设计》《天津某工程结构设计探讨》《楼梯在地震中反应》《泰安道五号院超限设计》《地下室空间分析探讨》《楼梯的抗震分析》等多篇论文，自己在学术上也上升到一个新的高度。

郭书普感恩周恺先生对自己在技术提升方面给予的支持和帮助，感谢华汇给自己提供的发展平台。在那里，郭书普的技术取得了突破性的发展和提高，获得了诸多荣誉，奠定了成为结构设计大师的根基。

成功者往往不会安于现状，在到达一个平台之后，总会寻找新的更高的发展目标，使自己不断地走在前进的路上。

2012年，郭书普为了实现自己结构空间和结构艺术设计的梦想，借助河北九易庄宸科技股份有限公司的大力支持，在天津创办了设计公司，并在风风雨雨的6年中身体力行，潜心进行结构的创新研究、钢结构的装配化研究……带领天津设计团队走创新之路，把设计团队及结构设计带向一个更加广阔的天地。

随着国际建筑市场的发展、社会科技的进步及建筑行业服务对象的变化及多样化，建筑设计行业本身正在经历着一场变革。“绿色、生态、环保、节能、智能化”等理念逐步渗透到各个生产、生活领域。而建筑作为人们工作、生活最基本的活动空间，人们更希望能从建筑中感受到自然。因此，体现生态、环保成为建筑行业未来发展的必然趋势。郭书普先生的思想也随着社会的发展在不断更新，正像他解决结构技术难题时一样，他的头脑中永远有更新鲜的想法不断地涌出，这一次他倾向于向更好地为用户提供智能化、个性化服务方向发展。当代社会产业全方位向“IT+”方向发展和靠近，而郭书普先生也不例外，他希望向“IT+结构+机械+”方向发展，希望抛开平面、表皮本身，将结构中的张力美体现到作品中，将结构中的美学精髓渗透融合到其他领域，从而为用户打造更加智能和独特的设计作品。

郭书普正在自己的创新道路上砥砺前行。

## 东莞市松山湖酒店

建设地点：广东省东莞市松山湖高新技术产业开发区
建筑面积：80 000 m²
设计/竣工：2006年10月/2008年10月
获奖情况：2008年度天津市"海河杯"优秀勘察设计（建筑类）一等奖；2008年度全国优秀工程勘察设计行业奖建筑工程一等奖

项目亮点：此项目是广东省的首家五星级酒店，位于松山湖高新技术产业开发区行政商务中心。

项目中2个长条楔形体量呈八字形沿水面展开，总长度将近500 m，高度由中间6层向两端逐级递减至2层，两体量相对处略作折转形构成公共区域。

HYATT

## 东莞松山湖科技园区图书馆

建设地点：广东省东莞市松山湖高新技术产业开发区
建筑面积：15 000 m²
设计/竣工：2005 年 10 月 /2007 年 5 月
获奖情况：2009 年度天津市“海河杯”优秀勘察设计（建筑类）一等奖

设计亮点：在外围钢管混凝土梁、柱节点，用塞焊钢套代替连接板，从而解决了连接板外露问题。

此项目坐落在东莞市松山湖北岸的一片丘陵上，建筑面积约 15 000 ㎡。设计中，地上 3 层主体建筑以曲尺形态顺应三角形的缓坡用地，主要是预览与培训空间，而办公、书库及设备用房等则利用坡地地下部分，结合庭院与采光天井形成独特的半地下空间。建筑整体采用钢管混凝土框架结构。

## 天津泰安道五号院

建设地点：天津市泰安道
建筑面积：186 000 $m^2$
设计/竣工：2010 年 12 月 / 2015 年 3 月
获奖情况：天津市钢结构金奖

设计亮点：腰桁架设计。

此项目总建筑面积 186 000 $m^2$，是泰安道五大院项目中面积最大、高度最高的写字楼，是一个历史建筑与现代建筑相融合的组团，是地上 50 层、地下 3 层的钢框架混凝土核心筒的超高层高档写字楼。建筑总高 253.8 m，采用了三道腰桁架加强层。

## 南开大学学生活动中心

建设地点：天津市南开大学白堤路西校门内侧
建筑面积：12 512 $m^2$
获奖情况：2006 年度天津市优秀勘察设计二等奖

设计亮点：室外钢结构楼梯（三跑）只有接地点，到达层处两个支点，中间部分全部悬空无支点。

此项目位于南开大学白堤路西校门内侧，建筑面积 12 512 $m^2$，建筑设计最大限度利用基地，在充分提供室内活动空间的同时，提供多种方式的室外活动场所，从而提供多种事件在不同空间发生的可能，使室内外两种活动转换成为建筑的主题。为实现室外尽可能多的活动空间，室外楼梯设计除了接地处之外，没有任何支柱，给人以不可思议的视觉效果。这个设计既实现了设计师对空间的需求，又为校园增添了一处可欣赏、思考力美学的景观。

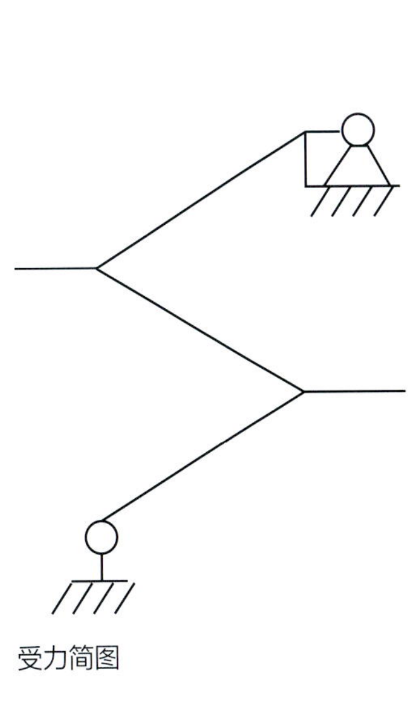
受力简图

## 南焦村城中村改造项目商品区 7 号地块综合体

建设地点：河北省石家庄市南焦村
建筑面积：536 940 $m^2$
设计时间：2017 年 10 月

本项目位于石家庄市南焦村城中村改造项目的核心地块，四周均为城市道路，北临仓裕路，西临体育大街，南临裕泰路，东临南焦街，是由一栋超高层办公、酒店，3 栋高层办公楼以及大底盘购物中心组成的大型商业综合体。

100FUN

## 河北省临漳县信合商厦一期项目

建设地点：河北省邯郸市临漳县
建筑面积：74 617.21 $m^2$
设计时间：2018 年 3 月

此项目位于河北省邯郸市临漳县内，人民路以南，铜雀大街以西，西侧邻近金凤南大街，采用框架结构及框剪结构。

信和商厦
5
折
年终庆典

## 河北省临漳县信合商厦二期项目

建设地点：河北省邯郸市临漳县
建筑面积：114 686.25 m²
设计时间：2018 年 3 月

此项目位于河北省邯郸市临漳县内，人民路以南，铜雀大街以西，西侧邻近金凤南大街，采用框架结构及框剪结构。

ZARA
TONI&GUY
钻之源珠宝

GEOX

## 河北省黄骅市慧湖御景项目

建设地点：河北省沧州市黄骅市
建筑面积：286 952.35 $m^2$
设计时间：2017 年 3 月

本项目位于河北省沧州市下属黄骅市规划新城的核心区域，北靠新村路（5 号楼），南抵和谐路（9 号路），西临环湖景观步行路，东达育才街（6 号路）。1 号地块面积 7.019 7 ha，2 号地块面积 6.228 9 ha，合计 13.248 6 ha，其中可用地面积 9.569 9 ha，用地性质为商业及住宅，容积率不大于 2.5，建筑密度不大于 20%，绿地率不小于 38%。

## 南开大学 MBA 中心

建设地点：天津市南开区南开大学
建筑面积：29 388 m²
设计/竣工：2002 年 2 月 / 2013 年 10 月
获奖情况：2006 年度天津市优秀勘察设计一等奖

设计亮点：顶部薄片式装饰架 70 m 高（现浇钢筋混凝土箱形梁）、16 m 跨。

此项目位于天津市南开区白堤路东侧南开大学校内，西面紧邻城市道路——白堤路，同时也紧邻南开大学西校门，地理位置十分重要。建筑以垂直白堤路的轴线呈凹字形对称布满整个基地，采用框架 - 剪力墙结构体系。建筑用地面积 8 260 m²、限高 50 m，对于近 30 000 m² 的设计要求，基地显得十分狭小，所以采用非常规结构设计——超薄装饰架设计，满足了多方面的要求。

# 郝贵强

河北省工程勘察设计大师，河北省政府特殊津贴专家，工学博士，国家一级注册结构工程师，正高级工程师。现任中土国际科技集团有限公司副总经理，中土大地国际建筑设计有限公司总经理。先后荣获河北省勘察设计行业优秀青年设计师，全国工程勘察设计行业施工图设计审查先进个人，河北省优秀科技工作者，全国工程勘察设计行业“十二五”期间实施信息化建设先进个人等荣誉称号。

**社会任职**

全国超限高层建筑工程抗震设防专项审查专家委员会委员，中国勘察设计协会结构设计分会常务理事，中国钢结构协会钢-混凝土组合结构分会理事，中国钢结构协会钢结构设计分会理事，中国建筑学会抗震防灾分会高层建筑抗震专业委员会委员，河北省建筑信息模型学会副理事长，河北省钢结构设计与产业化分会理事长，河北省建设人才与教育协会注册结构工程师分会秘书长，河北省超限高层建筑工程抗震设防审查专家委员会秘书长，河北省工程勘察设计咨询协会专家委员会委员，石家庄铁道大学、河北科技大学、华北理工大学等高校特聘导师，《建筑结构》杂志常务理事，《河北勘察设计》杂志副主任。

**主持工程情况及荣誉**

从事设计工作20余年，主持和参与百余项工业与民用建筑项目设计，在超高超限结构、钢结构、大跨空间结构、结构抗震和减隔震、复合结构等领域成绩斐然。其中，完成省部级重大科技项目20余项，获省部级优秀工程勘察设计奖25余项、河北省科技进步奖10项，发明专利10余项。代表作品有河北开元环球中心、石家庄人民会堂、广安大厦、石家庄国税局办公楼、河北省图书馆阅览楼，其中多项工程填补了省内同类项目的空白，达到国内同期、同类项目的先进水平。

**学术成果**

主编河北省地方标准《钢管混凝土结构技术规程》《波纹钢综合管廊工程技术规程》，参编《钢管混凝土束结构技术标准》等20余部国家、行业标准，并担任《河北省房屋建筑和市政基础设施工程施工图设计文件审查要点》等技术文件的主编。发表《钢筋混凝土超短柱与型钢混凝土超短柱滞回性能试验研究》《防屈曲支撑在抗震加固工程中的应用》等20余篇学术论文，指导硕士生10余名。

**单位评价**

郝贵强同志具有良好的职业道德和社会形象，在国家、河北省多个学术团体中任职，在行业内广受赞誉。

在技术创新、新技术推广应用方面做出了突出的成绩，多项专利技术在工程项目中得到应用，如防屈曲支撑在河北省图书馆阅览楼项目中的应用、连梁阻尼器在中国尊和德丰大厦超高层建筑中的应用等，创造了显著的经济效益、社会效益和环境效益。他作为公司的技术领头人，培养了一批理论基础扎实、实践素养水平高的技术人才，他的设计理念——“做‘结构的规范’而不是做‘规范的结构’”是行业中的一股清流，使众多结构设计师深受启发，他是“大地品牌”的缔造者之一。

郝贵强 ○

# 求学山城

从小学到中学，“学好数理化，走遍天下都不怕”这句话最流行，于是做个工程师就成了自己的一种职业选项。然而，学习结构专业并最终成为一名结构工程师却是兄长替我做的选择。

兄长擅长绘画，当年也曾想报考艺术类的院校，但是父亲不同意。父亲是“文化大革命”前的大学生，在石家庄一中上学时本来理科很好，“大跃进”时发表了首诗，一冲动偏向了文科，很是后悔，因此希望我们学理工。兄长当时在石家庄市建委工作，跟建筑设计院接触比较多，知道“建筑老八校”，也明白建筑设计的专业分工。当年高考的时候，我化学和生物考得不好，“四大”是希望不大了，因此只能寄希望于“四小”了。填报志愿的时候，学过概率论的兄长“掐指一算”，重建工的希望最大。至于学什么专业，兄长说建筑学不错，但是学校要求交一幅素描作品，而自己没有绘画基础也不愿意找“枪手”，就放弃了。这样，重建工的工业与民用建筑专业就成了首选，并如愿以偿。这件事让我第一次看到了数学还真的有用，也奠定了“学以致用”的观念。不过在送我去重庆的时候，兄长还是在我的行李箱里放了几本建筑学和绘画方面的书，可能他觉得还是做个建筑师更好些吧。

1990 年 9 月 12 日或 13 日，一列长长的 K189 绿皮车把我送到了嘉陵江畔。至今仍记得，出了车站，菜园坝火车站那几百级高高的台阶和矗立在山坡上的建筑带给我的震撼。从那时起，我就感觉到做个建筑工程师是一个很令人自豪的职业，这就叫“不明觉厉”吧。

然而，刚入学最初的日子并不是那么的惬意。首先是风风火火的四川话让我有点摸不着头脑，如“画法几何”老师把“直角”说成“直搞”，我很是思量了几天。虽然现在吃饭是“无辣不欢”，但当时看着那一簇簇红扑扑的海椒还是有点胆战心惊的。适应期过了，重建工严格而又不死板的学风还是让我实实在在地喜欢上了工民建这个专业。虽然“四大捕手”的老师和专业课的补考率让人提心吊胆，不知道当年毕业时如果四年之中没有补考过就能拿到 100 元的奖励的规定现在还有没有？但是在幽静而美丽的山城校园里接受权威教授的谆谆教诲，在流火的季节里享受重庆火锅的同时用麻辣的四川话和同学们“指点江山”，在淅淅沥沥的小雨中看着漂亮的重庆女孩在高高低低的山路上跑来跑去，老实说，四年“变态累”的大学生活除了让我拥有扎实的专业理论基础外，也给了我无限美好的回忆。

回到专业学习上，还是要感谢母校教育的质量和前瞻性。首先专业课的高水平和设计规范的衔接让我今天都受益匪浅。给我们授课的老师都是国家主要结构设计规范的参编者，当你在课上听着这些一般“只闻其名，不见其人”的学者给你把结构设计的原理和规范的条文娓娓道来的时候，对未来工作充满信心和希望也就是自然之事了。另外，计算机在结构分析和设计上的应用在当时也是很超前的。除了学习计算结构力学、有限元和编程之外，毕业设计时我被分在了试验组，要求结构分析采用手算和电算，画图 CAD 和手绘同时进行。当时确实很累，但是毕业工作之后到所里专用的机房，看着单位的计算机马上就能上手，还不时抱怨一下不如学校的计算机快的时候，还是有点沾沾自喜的。

稍有遗憾的是，这四年期间我还是没有时间和精力尝试一下兄长的想法。但是，那几本书让我有了从建筑角度考虑结构问题的习惯，倒也奠定了我做个“开明”结构工程师的基础。

## 入行北方

1994 年 6 月，我结束了大学生活，带着满身的疲惫和兴奋离开重庆，回到了石家庄，进了石家庄最大的设计院——北方设计研究院做结构设计，开始了自己的结构人生。北方院是央企，当时可能还没这个说法，只知道是军工保密单位，可以不用写单位名称，直接写石家庄市 148 信箱就能收到信件。单位很人性化，报到后就让回家看完世界杯再来上班。对比现在，不免有沧海桑田的感慨啊！

老话说，“学好文武艺，货与帝王家”。重建工给了我知识，北方院给了我舞台。单位很大，大到齐建伟师傅说，如果你这辈子能跟单位里一半的人配合过工作，那你就很是不得了了。当时北方院的底子很厚，技术力量很强，很多专业的专家在国内都赫赫有名。与这些专家前辈同处一室，耳濡目染，自己再努力些，成长得就比较顺利了。

北方院平台大、项目多，领导大胆放手的工作方式让我受益匪浅。毕业还不满一年，刚过完春节，齐师傅就让我独立完成 3 万多平方米的 5 层钢筋混凝土框架结构。做完这个项目马上就参与了广安大厦和世贸皇冠酒店（当时叫广安城）项目，这可是石家庄最早的两个百米高层建筑。2000 年，我刚刚当上工程师才一年，就成了三所结构二室的副主任，还成为石家庄人民会堂的专业负责人。当时还有点胆小，问齐师傅，“你放心吗？”齐师傅说，“那有啥不放心的？你好好画，我好好看不就行了。”

那时的北方院还有一个很大的优点，就是设计人员来自五湖四海，土建专业基本上以“老八校”为主，开个玩笑可以说是“八国联军”。做设计时思想开放，从来不盲从条条框框。当然，那时候还没有施工图审查，设计单位的地位也比较高，可以充分发挥自己的能动性。记得做石家庄人民会堂时，采用框架－剪力墙结构，平面不规则，竖向也不规则。当时规范对这方面没有什么具体的要求，但是自己凭着直觉和力学观念就采用了分块刚性的概念进行结构分析，并得到了孙老总的认可。还有一次，做石家庄国税局办公楼时，外维护结构的窗间墙很短，加气块砌筑连构造柱都放不下。自己一时脑洞大开，将其设计成预制构件，工厂制作，现场拼装，施工单位没意见，建设单位也说好。

感谢北方院，给了我一个很好的起点；感谢北方院，给了我开放的设计思想和正规的职业训练；感谢北方院，在那里我结识了一大批老专家和良师益友。但是图画久了，不免有些迷茫：一是技术上如何进一步更上一层楼；二是想去看看外面那个更大的世界。

到北方院已经整整 9 年，虽然成了设计室的主任，马上就要评高级工程师，但还是想走。齐师傅说：“咱们去大地吧。”我说：“好。”于是 2003 年 7 月的一天，我递上一份措辞幼稚的辞职报告，追随齐师傅到了河北大地土木工程有限公司，同时还被允许到天津大学读研究生。为什么跳槽了又去读研读博，其实这也是去大地的一个原因：公司领导重视技术培训和人才培养，允许我边学边干。

郝贵强 ○

## 深造天大

话说考上天津大学的研究生还是很费了一番力气的。那一阵的辛苦，工作之后也只有当年一边设计石家庄人民会堂，一边考国家一级注册结构工程师的时候才能比了。准备考试辛苦，考上了就是有苦说不出了。周一至周五，在天大的教室；周六和周日，在大地的办公室。捧着大厚本的数学书，不定期还要做一个英文演讲，这些都是多少年没有过的感受。但这也恰恰考验了一下自己，看看还能不能真正坐下来研究点问题。

天津大学不愧是中国第一所现代大学，“东方的康奈尔”，名人荟萃，底蕴深厚。当你看到中国桥梁工程奠基人茅以升的全英文教案，当你看到中国水利工程的开拓者刘书田的毕业设计，那种感慨非语言可以描述啊！

在天大 6 年期间，王铁成教授一直是我的指导老师。王教授留学日本，工学博士，是我国《混凝土结构设计规范》的主编之一。王教授温文尔雅，学识广博，治学严谨，大家风范，是混凝土构件斜截面承载力和异型柱结构方面的权威。正是在王教授的指导下，我才认识到了学术的汪洋大海和高山仰止。

我与导师（天津大学王铁成教授）

在天大读博使我对结构设计理论有了新的认识，自我感觉分析问题和解决问题的能力有了不小的进步。在这期间，安安静静地读了几本书，对我影响比较大的有李杰、李国强老师的《抗震工程学导论》（别看是 20 世纪 90 年代写的，还是导论，但是和许多现在刚出的书相比，还是颇具价值的），Anil K. Chopra 教授的《结构动力学理论及其在地震工程中的应用》，白绍良教授手写的《抗震设计讲义》，童根树教授的《钢结构设计方法》，Park 教授的《钢筋混凝土结构》，当然还少不了那本大名鼎鼎的林同炎教授的《结构的体系和概念》。我的博士课题是“碳纤维增强混凝土异型柱框架性能的分析”。

好不容易拿到了博士证书，摸了又摸，觉得还是喜欢做结构设计。天大“实事求是”的校训和齐师傅的感召让满血复活的自己回到大地，继续完成做个“开明”结构工程师的梦。

## 扎根大地

大地是片沃土，是建设部两家最早建筑业股份制试点企业之一，另一家是鼎鼎有名的上海现代设计集团。但我刚到大地的时候，总共 20 来位同事，结构人员八九个。我那时 30 出头，但已经是年纪第二大的了。看着一张张比我还稚气的脸，责任感油然而生。带着新毕业的大学生下工地，每月一次的技术讲座，让心灵手巧的刘工制定统一的绘图规则和技术措施，与郑工、张工一起讨论如何使年轻人更快成长，费尽周折请来省里的专家们指导工作，慢慢地，慢慢地，我们破土而出。

来到大地的第一个工程挑战是联邦·东方明珠，64 万平方米。李老板胆子大、想法多，要做全亚洲最大的热带空中花园。大底盘多塔结构(7 个塔楼)，南北两区以钢桥相连，高位转换、框支剪力墙一个不能不少。李老板还要省钱。钢结构？想都不要想！型钢都不能放。想想那些边设计、边施工、边修改的日子，也有点佩服自己和同事们居然挺过来了。

让大地真正实现腾飞的是河北开元环球中心，这个项目目前仍是河北省的第一高楼，当年位居高度排行榜 20 名左右。当这个 245 m 高的大楼矗立起来的时候，当我们打破了省内超高层建筑只能由省外国家顶级设计院设计的时候，当甲方的李总、合作方日本KKS的高木宪雄先生露出满意的微笑的时候，所有团队人员的自豪劲只有到空中大堂去表达了！钢管混凝土结构、斜柱转换层、钢桁架伸臂加强层、桩基的变刚度调平设计、结构非线性分析等，这些工程设计前沿的技术研究与应用，让自己的知识储备得以大大加强。

来到大地后另外的一个技术收获就是自己的科研能力得到了锻炼。以前由于各种原因，基本上不做科研。大地的领导特别重视科研的发展，公司名称也改成了河北大地建设科技有限公司。天大的研究生生活，自然离不了科研课题。“水泥土桩的数值分析”“钢筋混凝土现浇空心楼盖的性能研究”“BRB加固混凝土框架的抗震性能研究”等，使自己在科研领域有了涉足。科研与工程设计相结合更使自己的设计理念和水平有了长足的进步。当国内的减隔震专家听说名不见经传的大地公司2009年就独立完成了减隔震的设计，亲自到工厂监督完成BRB构件的制作时，惊讶得说不出话来。

现在的大地，500来人的设计团队，7个专业设计院，从规划建筑到市政园林，从工程设计到工程咨询，已形成覆盖全行业的土木工程技术服务产业链，大地设计也已经成为河北省内建设行业的一个知名品牌。我本人也由一名工程师成长为正高级工程师、全国超限审查专家和河北省政府特殊津贴专家。做个“开明”结构工程师的梦正在开花结果。

## 不惑之惑

孔子说：“四十不惑，五十知天命”。古人寿命短，社会变化慢，“不惑”和“知天命”容易做到。而今自己正处于“不惑”和“知天命”之间，荣列于河北省工程勘察设计大师之中，回想起成为全国最年轻超限审查专家时的惶恐，市场残酷竞争下的挣扎，新技术与老概念交锋的彷徨，夙夜兴叹，“不惑之惑”越来越多。

其一，什么是好的结构设计？

以前曾经认为符合结构设计规范的就是好的结构设计，后来又觉得满足建筑功能要求的就是好的结构设计。直到有机会和国外同行交流设计心得，听到Arup的何伟明博士侃侃而谈，读到塞西尔·巴尔蒙德的《异规》，看到一年一度的Structural Award的获奖作品，亲自到现场体会悉尼歌剧院的天才创作，才突然发现自己做得很low，是结构；人家做得很cool，是力学和哲学！那，什么才算是好的结构设计？

其二，如何做好的结构设计？

靠规范？规范说了，“遵守规范本身，并不能免除结构工程师的责任。”因此，规范只是你的拐杖！靠软件？软件说了，“软件已经过实际工程验证，但设计师应自行判断计算结果的正确性。”因此，软件只是你的计算器！靠概念？概念说了，“很多概念是很多说不清的经验的总结，甚至是在假定条件下的推理。”因此，概念也不是亘古不变的！那，如何做好结构设计？

其三，如何在“已知”和“未知”中“自知”？

有人说，“结构设计不止是技术，还是艺术。”好！圆了兄长的梦！又有结构大师说，“结构设计就是利用性能不完全清楚的建筑材料，采用不十分准确的计算方法，满足公众对安全的强烈愿望。”严峻了！不过想想千年的定州塔、赵州桥，想想百年的帝国大厦，也就有点顿悟了。自己知道什么？不知道什么？如何在“已知”和“未知”之间“自知”？

……

古人说：“行百里者半于九十。”出去游一游，看一看，“井蛙”之感越发强烈。在结构设计的这条路上，做个“开明”结构工程师的目标却越来越清晰了——做“结构的规范”而不是做“规范的结构”！然而一切才开始，小马哥说得对，“呵，我才刚上路耶！”

## 河北省地理空间技术创新基地

建设地点：河北省石家庄市
建筑面积：27 000 m$^2$
设计/竣工：2011 年/2014 年
获奖情况：2017 年度河北省优秀工程勘察设计一等奖

本项目整体构思立足于科研办公的建筑性质，综合运用现代构成手法，彰显穿插的魅力，雕塑化的造型在明媚的阳光下产生丰富的光影变化，魅力十足。主体采用钢筋混凝土框架－剪力墙结构，基础采用钢筋混凝土筏板基础。

## 河北开元环球中心

建设地点：河北省石家庄市
建筑面积：179 000 m$^2$，地下 4 层、地上 53 层
设计/竣工：2008 年/2013 年
获奖情况：2013 年度河北省优秀工程勘察设计一等奖

河北开元环球中心建筑高度 245 m，建筑面积 179 000 m$^2$，1 至 27 层为 5A 级办公楼，28 至 53 层为希尔顿酒店。

本工程基础采用钢筋混凝土桩筏基础，主体为钢管混凝土框架－混凝土核心筒结构，是河北省首座混合结构的超高层建筑。关键技术：（1）为应对核心筒高宽比达到 20：1，设置 3 道伸臂桁架以满足水平位移要求；（2）设置斜柱转换，解决竖向柱网不一致问题；（3）单桩承载力特征值达 12 000 kN，设计采用变刚度调平理论，减小桩长，沉降控制合理；（4）大跨宴会厅部分采用钢管桁架结构，解决了上部大空间问题。

## 未来像素

建设地点：河北省保定市
建筑面积：72 700 $m^2$
设计 / 竣工：2013 年 / 2015 年
获奖情况：2018 年河北省优秀工程勘察设计一等奖

本工程地下 2 层、地上 29 层，总建筑面积 72 700 $m^2$，是办公、商业综合体。其突破性的层叠天际线表达了钻石之城的建筑意象；9.8 m 层高的大堂，商务形象卓越不凡；独有私属花园，体验同步国际的生态办公；大型情境商业中心，一站式实现商务、休闲、娱乐等功能。

本工程采用钢筋混凝土筏板基础，上部结构采用钢筋混凝土框架－剪力墙结构。结构设计解决了建筑层层收进而造成的竖向不规则的技术难题。

## 石家庄宝能中心

建设地点：河北省石家庄市正定县
建筑面积：348 000 m²
设计 / 竣工：2014 年 / 在建

本项目占地面积 6.4 ha，集 5A 级写字楼、特色办公楼、商业于一体，由 7 栋塔楼和裙房组成。本项目创造了低碳、生态、智慧的办公环境及商业配套，为企业办公、生活提供了保障。本项目通过对建筑空间及玻璃幕墙肌理的处理，塑造了“正定古塔”的建筑造型，使得建筑既有古典塔的形象，又不失现代建筑的特征；通过结构上的“斜柱”处理，使得建筑“塔顶”的收分形体与功能既统一又典雅大气，衬托出宝能中心的挺拔和新区的中心地位。

T1 塔楼建筑高度 149.5 m，采用钢筋混凝土框架 - 筒体结构，框架柱采用型钢混凝土柱，基础采用桩筏基础；T2 至 T7 塔楼建筑高度 80~100 m 不等，均采用普通钢筋混凝土框架 - 筒体结构，基础采用钢筋混凝土筏板基础。

## 石家庄保利购物广场

建设地点：河北省石家庄市

建筑面积：85 000 m$^2$，地下 2 层、地上 4 层

设计 / 竣工：2014 年 /2017 年

获奖情况：2018 年度河北省优秀工程勘察设计二等奖

本项目是一座集超市、零售、电影院、餐饮、KTV、儿童游乐场、车库功能于一体的综合型建筑。本项目充分利用地形，沿体育大街布置办公与商业裙楼，商业以家庭娱乐、儿童游乐场、餐饮、大卖场、家居购物五大品类为核心，成为石家庄东北部板块独一无二的休闲生活体验中心。立面表现以现代风格为主，凸显经典与质感，成为具有一定价值认同感和相当品质标准的综合体建筑。

本工程采用 CFG 桩复合地基进行处理，基础采用柱下独立基础 + 构造防水板，上部结构采用框架结构体系，屋面中庭引入钢结构体系，有效解决了大跨度采光顶的要求。

河北省建设行业科学技术进步

奖励证书

获奖单位：河北大地建设科技有限公司

获奖项目：防屈曲支撑施工工法

奖励等级：二等奖

证书编号：2017-254

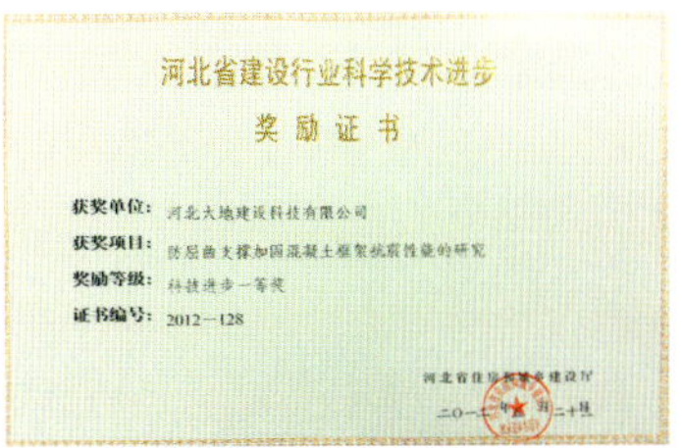

河北省建设行业科学技术进步

奖励证书

获奖单位：河北大地建设科技有限公司

获奖项目：防屈曲支撑加固混凝土框架抗震性能的研究

奖励等级：科技进步一等奖

证书编号：2012—128

河北省住房和城乡建设厅

# 河北省图书馆阅览楼加固改造工程

建设地点：河北省石家庄市

建筑面积：70 000 $m^2$

设计/竣工：2010 年/2012 年

获奖情况：河北省建设行业科技进步一等奖，石家庄市“十佳公共建筑”

本工程为河北省重点工程——河北省图书馆改扩建工程中的附属工程。因改造立面的要求，不能采用常规加大截面尺寸的方法提高构件承载力和结构刚度。因此，开创性地采用防屈曲支撑进行抗震加固，这是河北省第一个采用消能减震技术进行抗震加固的公共建筑。

## 石家庄恒大中央广场

建设地点：河北省石家庄市
建筑面积：700 000 $m^2$
设计 / 竣工：2017 年 / 在建

恒大中央广场是石家庄市首个环境景观化、业态主题化，并包含时尚旗舰店、文创、美食、娱乐、空间艺术、商务全感官之旅的休闲都市商业街区，由 5 栋高层建筑、1 栋超高层建筑与不同形态的商业组成。3 层立体商业街，通过天桥、天梯、天庭等设计手法将建筑内部空间和城市公共空间、地下交通空间及地上建筑紧密结合在一起，各类尺度不同、空间各异的室内外空间为使用者及访客提供了一站式的工作、生活、购物、娱乐与休闲服务。外观的设计灵感源于苍岩山壮丽的岩质脉络，加以抽象整理后，以现代的手法表现出横向纹理，无论是平行的金属线条，还是晶莹的玻璃幕墙，或是岩石色彩与质感的石材幕墙，都层叠有致，塑造了山势之感，体现了强烈的地域特色。

T1 塔楼建筑高度 180 m，采用钢管混凝土框架 - 筒体结构，框架柱采用钢管混凝土柱，基础采用桩筏基础；T2 至 T7 塔楼均采用普通钢筋混凝土框架 - 筒体结构，基础采用钢筋混凝土筏板基础。

## 石家庄国税局办公楼（范西路）

建设地点：河北省石家庄市
建筑面积：16 000 m²，地下 1 层、地上 16 层
设计/竣工：2002 年/2004 年

本项目采用钢筋混凝土筏板基础，框架－剪力墙结构，创新性地引入预制装配式的概念，所有外围护结构和立面造型均采用预制混凝土构件，解决了采用常规的砌体结构实现外立面效果的安全保证低、施工工期长的问题，既保证了连接的可靠，又缩短了施工周期，取得了良好的效果。

## 女人世界升级改造

建设地点：河北省石家庄市
建筑面积：35 600 $m^2$，地下 2 层、地上 23 层
设计 / 竣工：2011 年 / 2014 年
获奖情况：2015 年度河北省优秀工程勘察设计三等奖

本项目地处石家庄核心商业区域，设计充分解决了建设与运行的矛盾以及有限用地与建筑规模的矛盾，建筑造型采用玻璃与实墙面相组合，简洁的造型、轻盈的构架，在石家庄市中心独树一帜。本工程基础采用钢筋混凝土桩筏基础，上部结构采用钢筋混凝土框架 - 剪力墙结构体系。

## 邢台市人民法院审判综合楼

建设地点：河北省邢台市
建筑面积：21 000 $m^2$，地下 1 层、地上 11 层
设计 / 竣工：2001 年 / 2003 年

本建筑吸取了中国传统建筑的空间布局特点，遵循轴线布局，体现出行政建筑的理性与秩序。建筑形态运用庄重、大气、肃穆、沉稳的建筑语言，采用多组通高立柱体现出行政建筑的内敛与典雅，形成各方向建筑物庄重、大方的视觉特征。功能组织力求分区合理、高效舒适、交通便捷，充分满足办公建筑的内在功能需求。主体采用钢筋混凝土框架 - 剪力墙结构，基础采用钢筋混凝土筏板基础。

## 东湖商业中心

建设地点：河北省保定市
建筑面积：99 200 m²，地下 2 层、地上 15 层
设计 / 竣工：2015 年 / 2017 年

本项目在基地西南及东北布置 2 栋高层建筑，沿街形成建筑景观。在东北角布置弧形办公楼，整体造型犹如一个巨大的帆船，柔和的体形与荡漾的湖水相得益彰。在办公楼下部布置商业，形成一个整体方便的购物环境。裙房采用退台处理，屋面平台上设置局部屋顶花园，顾客可以在绿色花园中购物、休憩，形成流动的立体空间。此外，在 2 栋裙房之间形成空间独特的购物内街，布置绿色景观，尺度非常怡人。 建筑外观采用现代简洁统一的处理手法，勾勒出变化丰富的建筑造型与和谐富有韵律感的整体形象。落地观景窗为住户提供了一个视野开阔的观景平台；办公层间处采用连续的铝板进行横向延伸，立面简洁、精致。主体结构采用框架 - 剪力墙 + 框架 - 核心筒 + 防屈曲支撑的结构体系。

## 石家庄未来时间

建设地点：河北省石家庄市
建筑面积：65 000 $m^2$，地下 4 层、地上 29 层
设计 / 竣工：2013 年 / 2018 年

本项目位于石家庄市中山西路与华安街交口，用地面积相对紧张，总图设计了带 4 层裙房的 1 栋塔楼，充分考虑沿街面及日照等要求而布置平立面，并秉承山水城市的设计理念，外立面采用层层退台的形式，设置开放式的公共景观空间，结合优越的地段位置及完善的商业氛围，凸显建筑高品质属性。主体采用钢筋混凝土框架－剪力墙结构，结构设计解决了平面和竖向不规则的难题。

## 河北省中医院综合病房楼

建设地点：河北省石家庄市
建筑面积：60 500 m²，地下 1 层、地上 13 层
设计 / 竣工：2012 年 / 2016 年
获奖情况：2018 年度河北省优秀工程勘察设计一等奖

本项目设计床位 1 000 张，通过模块化、秩序化的建筑形式，创作出稳重、严谨的建筑形态与流动、开阔的建筑空间，充分体现高效、舒适的人文关怀理念。立面风格现代简约，积极运用绿色节能的环保材料，竖向线条的细部处理使主楼形象现代清新，展现出医院大气、开放的建筑形象。本工程基础采用钢筋混凝土筏板基础，上部结构采用钢筋混凝土框架－剪力墙结构。

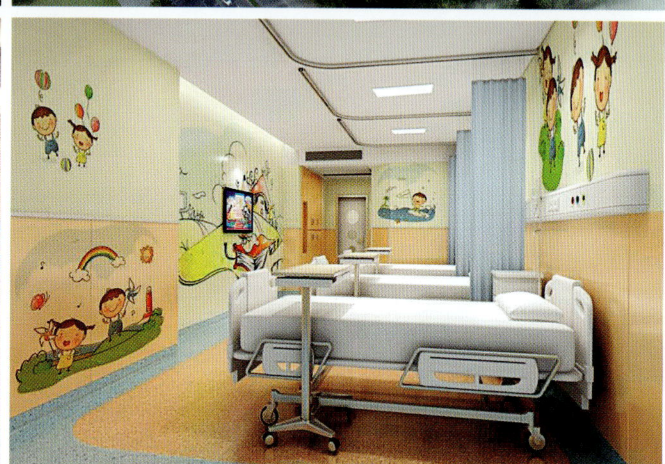

## 河北省儿童医院

建设地点：河北省石家庄市
建筑面积：165 000 $m^2$，地下 12 层、地上 17 层
设计 / 竣工：2014 年 / 在建

本项目是老院区的整体改扩建工程，采取“一次规划，分期实施”的理念逐步理顺医院的整体流程，并引入“医疗街”的理念，通过主次分明的纵、横街道来组织交通。富于创意的细部处理，穿插其间的彩色构件，鲜明、醒目而充满童趣，彰显出儿童医院特有的清新、活泼的气质。

本工程基础采用钢筋混凝土筏板基础，上部结构采用钢筋混凝土框架 - 剪力墙结构。

## 哈励逊国际和平医院

建设地点：河北省衡水市

建筑面积：200 000 $m^2$

设计/竣工：2016—2017 年/在建

获奖情况：2018 年度中国医院建设奖

在各级政府大力推动医养健康事业发展、公众对医院的期望不断提高的背景下，哈励逊国际和平医院南院区建设走上了快车道。设计方案试图在满足医院各项功能需求的同时，平衡城市、医院和公众对医院的期待，综合考虑形象、功能、经济因素，提出以创造性的造型展现地域文脉、以集约化的功能保障医疗流线短捷、以人性化建筑亲近自然、以适应性的智能系统保障运行、以领先的绿色节能技术促进绿色医院目标的实现，打造一个床位近千张、地上医疗面积达 112 000 $m^2$、地下附属面积达 88 000 $m^2$ 的高端医学中心，成为引领区域医疗产业发展的航母。本工程主体采用框架-剪力墙结构。

## 石家庄人民会堂

建设地点：河北省石家庄市
建筑面积：约 38 000 m²，地下 2 层、地上 4 层
设计 / 竣工：2000 年 /2003 年 1 月

本项目为2000年石家庄市1号重点工程，主要功能为会议，同时兼顾剧场、影院、体育馆和办公功能。

本工程创新性地采用了一系列新材料、新技术和新工艺解决建筑功能复杂、空间变化大、结构设计难题多的问题。（1）桩基采用旋挖成孔并后注浆新工艺，承载力提高 80%。该项技术当时在河北省乃至全国均处于领先水平，国家行业标准《建筑桩基技术规范》（JGJ 94—2008）纳入该项技术。（2）新材料：采用 HRB400 级钢筋代替原来普遍采用的 HRB335 级钢筋。（3）立体组合网架与悬索结构相结合，解决了建筑造型问题。（4）屋面荷载较大的大跨空间部分采用预应力框架梁，解决了层高紧张的问题。（5）新技术、新措施：对轴压比较大的剪力墙的边缘构件（暗柱）箍筋进行提高，此项抗震措施在《建筑抗震设计规范》（GB 50011—2001）中才有明确条文。

## 宁晋奥林匹克广场

建设地点：河北省邢台市宁晋县
建筑面积：209 000 $m^2$
设计/竣工：2014 年

本工程位于宁晋县凤凰路与友谊大街交口，在整体设计中所有的功能都围绕中部的体育城市广场展开，通过城市广场步行街将各个功能紧密联系在一起，沿着凤凰路穿过城市广场规划一条景观大道，将原体育场与凤凰路连接起来，从视线和功能上加强了原体育场与城市的联系，从而形成了“一带、一轴、多中心”的整体规划结构。

本工程商业部分采用钢筋混凝土框架结构，体育馆和游泳馆屋盖采用双曲面钢网壳结构，造型新颖美观，基础采用钢筋混凝土独立基础。

## 张家口烟厂车间改造

建设地点：河北省张家口市
建筑面积：31 000 m²，地上 9 层
设计/竣工：2009 年/2009 年
获奖情况：2010 年度河北省优秀工程勘察设计二等奖

原车间建成于 20 世纪 80 年代，根据要求改造为集团办公楼。本工程中采用先进的性能化抗震设计理论对结构和构件进行性能化分析和设计，并采用合理的加固施工技术，既保证了工程安全，又未突破投资限制。

## 紫睿天和

建设地点：河北省石家庄市
建筑面积：123 000 m$^2$
设计 / 竣工：2013 年 / 2015 年
获奖情况：2016 年度河北省优秀工程勘察设计二等奖

本项目由高层住宅、花园洋房构成。本项目利用用地本身特点，采用高层与洋房相结合的形式，成为都市稀缺性住宅；前低后高的空间组合带来充足的阳光与美景，景观错落有致，水系贯穿南北，并可以远眺京珠湿地全景，人居环境极佳。

本项目高层住宅部分采用钢筋混凝土剪力墙结构，车库采用无梁楼盖，基础采用筏板基础。

## 龙海中范

建设地点：河北省石家庄市
建筑面积：132 500 $m^2$
设计 / 竣工：2010 年 / 2017 年
获奖情况：2018 年河北省优秀工程勘察设计三等奖

本工程总用地面积 5.3 ha，总建筑面积 132 500 $m^2$，地上 18 层、地下 1 层。规划采用因地制宜的布局方式与人性化的空间构建，营造优雅怡人的人居环境。采用简约欧式建筑风格，以轻松活泼的造型与色彩，带来舒适惬意的现代都市生活节奏。

本项目高层住宅部分采用钢筋混凝土剪力墙结构，商业裙房采用钢筋混凝土框架结构，车库采用无梁楼盖，基础采用钢筋混凝土筏板基础。

# 马 洪

1963年8月31日出生，北京市房山区人。1980年就读于河北矿业学院工业与民用建筑专业，1984年毕业被分配到国家建材局秦皇岛玻璃工业设计研究院做结构设计工作，1988年进入河北建筑设计研究院有限责任公司工作。

**社会任职**

历任主任工程师、副总工程师、专业总工程师、正高级工程师，国家一级注册结构工程师，河北省工程勘察设计专家委员会专家，河北省土木建筑学会结构工程学术委员会常务理事，河北省工程建设标准化协会理事。

**主持工程情况及荣誉**

荣获多个省部级勘察设计奖项，其中石家庄正定机场候机楼改扩建工程荣获河北省工程勘察设计一等奖、国家优质工程银质奖；石家庄中华商务广场荣获河北省工程勘察设计一等奖；2008年度和2010年度获省直经济技术创新能手称号，2013年10月荣获中国建筑学会当代中国杰出工程师称号，2017年12月荣获河北省工程勘察设计大师称号。

**学术成果**

至今从事建筑结构设计已34年，承担了大量建筑工程设计项目，负责设计了石家庄正定机场候机楼改扩建项目、中华商务广场双塔高位连体复杂高层、金正威尼斯（海悦天地）商业综合体项目、集合18项建筑新技术的河北建设服务中心、单一工程980 000 $m^2$的棚户区改造工程以及大型公共建筑、复杂高层、高层钢结构等超限建筑结构方案定案和审查工作，参与了大底盘多塔连体复杂结构、整体装配式建筑技术、HRB400级和HRB500级高强钢筋工程应用等多项科研和技术创新，参与编制了装配式建筑技术标准和图集。

**单位评价**

马洪同志现担任河北建筑设计研究院有限责任公司结构专业总工程师，该同志自参加工作以来，从事工业与民用建筑结构工程设计34余年，始终以饱满的热情对待自己热爱的工作，承担了大量工程项目的设计以及大型公共建筑、复杂高层、高层钢结构等超限建筑结构方案的定案和审查工作，积累了丰富的工程设计经验。对待科技管理工作严谨务实，在学习接纳先进设计技术的同时，还注重在实践中创新应用。参加的科研和技术标准的研究与编制工作，荣获省部级多项工程设计和技术成果奖励。在引领专业团队发展和进步方面发挥了巨大作用。还兼任多种社会职务，以积极的工作为河北省的建设行业做出应有的贡献。

马 洪 ○

# 精心设计，锐意进取

马洪同志自参加工作以来，一直从事结构工程设计工作，承担了大量的工程设计任务，同时积累了许多工程设计经验，能够运用先进的工程技术设计理念解决实际工程问题，以用结构技术成就建筑表现之美作为追求，务实进取地对待工程项目，在实践中深入研究和应用。中华商务广场工程就是多项新技术综合运用较为典型的例子。中华商务广场建筑面积 80 000 m$^2$，地上建筑高 100 m，由 2 栋 25 层对称高档写字楼和 5 层商业裙房组成，地下设 3 层地下室，结构形式为框架－核心筒结构，大底盘双塔高位连体的复杂高层建筑。结构竖向 1 至 6 层的双塔和裙房为一整体大底盘，7 层以上主体分成 2 个独立单塔，20 至 25 层 2 个独立的塔体之间用四榀钢结构钢桁架相连接，连接跨度 25 m，整个建筑形成了大底盘双塔楼顶部连体的结构。地面以下和地面以上建筑物最大轴线尺寸均为 75.9 m × 39.8 m。结构平面不规则的裙房，2、3 层楼板局部有凹口，深度 16 m，在裙房中部设置较大的 2 层垂拔中庭，4 层至裙房顶形成 24 m × 16 m 井字梁楼盖。按《高层建筑混凝土技术规程》定义，此项目为复杂高层，因裙房局部开洞的平面凹进，

石家庄中华商务广场

双塔连体结构

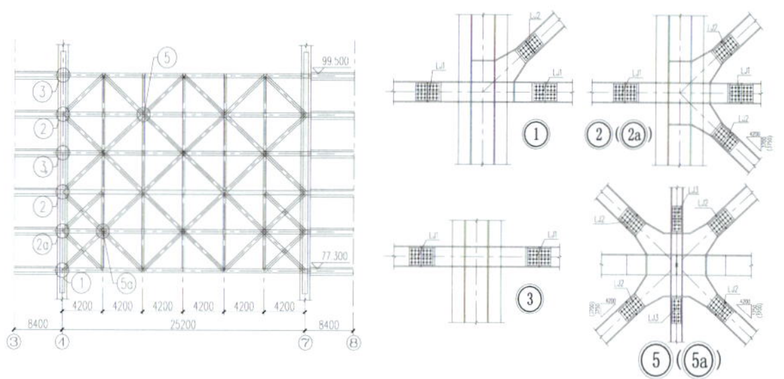
钢桁架连体详图

进行了超限高层专项审查。设计使用建筑科学研究院空间计算程序 SATWE 和 TAT 程序计算，分单塔模型、大底盘双塔模型、大底盘双塔连体模型分别进行计算分析。对连体部位和连体钢桁架构件采用 SP2000 和钢结构计算程序 STS 进行复核计算。计算分析表明，结构空间变形因大底盘、高位连体、塔楼自振等因素的相互牵制作用，造成结构体系受力复杂，连接部位变形和应力加大，高震型震动时结构受力反应明显。塔楼与钢桁架连接部位采用钢－钢筋混凝土结构做构造加强。在工程设计和施工中采用了 10 项以上建设部推广的建筑新技术，如深基坑边坡土钉墙支护技术，高强建筑材料应用，钢筋机械连接、大跨钢结构技术应用，建筑节能技术设计，高空吊装技术等。本工程设计荣获河北省勘察设计一等奖。

2008 年是中国的奥运年，石家庄正定机场作为北京奥运机场主要备降机场之一，其机场候机楼改扩建工程于 2005 年开始启动。我作为结构专业负责人承担了原候机楼改建和扩建新候机楼的设计任务。改造后的候机楼建筑面积为 55 538 m$^2$，结构体系采用框排架结构，地上 1 层、2 层夹层为现浇钢筋混凝土框架结构，大厅部分地上 2 层柱为钢管混凝土柱，屋盖为大跨空间钢管主桁架和弧形空间次

石家庄正定机场候机楼

架结合的结构体系，平面尺寸为70.2 m × 264.4 m，钢管主桁架跨度52.195 m，沿纵向弧形变化坡度高差将近10 m。主桁架平面形式为梭形钢桁架，桁架平面最宽尺寸4 m，最窄尺寸1.8 m，为二维变化的钢管桁架。钢屋盖设3道通长管桁，两端及悬挑部位设水平支撑，共同形成空间结构受力体系。支撑空间桁架的柱为钢管混凝土柱，桁架支座处采用铸钢球节点和滑动支座解决钢管桁架自身的变形。玻璃幕墙采用单索点式支撑形式，通过与屋顶钢桁架连接点的技术处理，承担幕墙在屋盖处的水平作用力。另外，结构设计采用宽梁、厚板等技术措施解决空间高度和结构竖向刚度突变问题，提高楼盖的承载力和整体刚度，以保证地震作用的传递。近机位候机厅屋盖采用型钢梁轻型屋面，避免与航站楼曲线形屋顶重叠影响。设计还采用了黏结后张拉预应力技术、现浇空心板楼盖技术等。本工程设计荣获河北省勘察设计一等奖、国家优质工程银质奖。

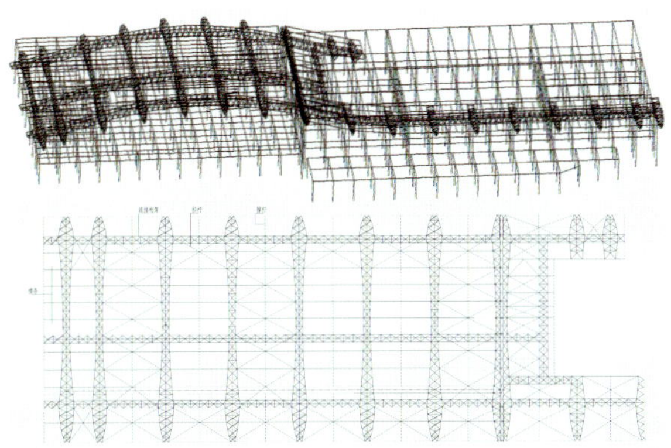

屋盖钢桁架平面布置图

候机楼实景图

激烈的市场竞争带动了结构设计技术的提高，技术首先贯穿到工程项目中是保证走在建筑行业前列的必要条件之一。我们在建筑方案优化、结构体系定案、建筑新技术运用、未来建筑结构发展技术储备以及施工图阶段结构经济指标控制等方面做了大量的工作。其中负责设计的邢台博物馆项目，总建筑面积约78 000 m$^2$，地上主馆5层、辅馆3层，其中主馆总高度35.45 m，全楼采用钢框架结构，楼板采用钢筋桁架楼承板；辅馆总高度19.70 m，采用现浇框架结构；基础形式有筏板基础、柱下独立基础等。地上主馆屋顶设35 m跨钢桁架，局部竖向悬吊2层结构，同时主馆外侧2层采用三角桁架实现了建筑仿古形式近9 m的大悬挑。地上辅馆部分四角坡屋顶采用钢梁－混凝土楼板结构，实现了顶层25 m大跨的建筑形式。

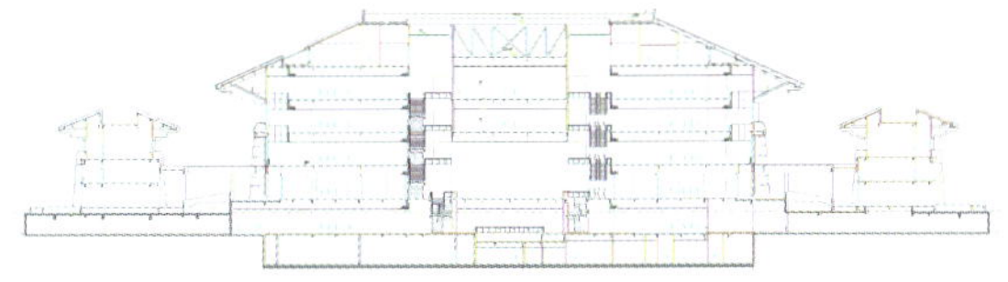

邢台博物馆及剖面图

邢台博物馆中心区域25.2 m × 36.8 m的空间范围内，1至2层是主馆共享中庭，3、4层是精品展厅和多功能厅，建筑要求中心区域3、4层与周围楼层完全分开，形成独立的使用空间，如同建筑室内上空悬浮2层高度的玻璃房子。

为实现建筑创意，结构设计采用大跨钢桁架垂吊钢框架结构形式，利用3、4层房间通廊结构加强楼板作为水平支点，提升垂吊结构空间稳定性能，并对关键构件和节点进行了性能化分析，考虑了水平及竖向地震作用，实现了建筑表现效果要求。

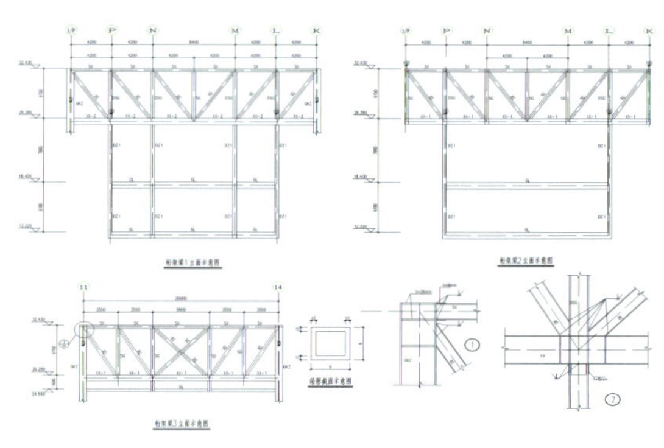

垂吊钢框架详图

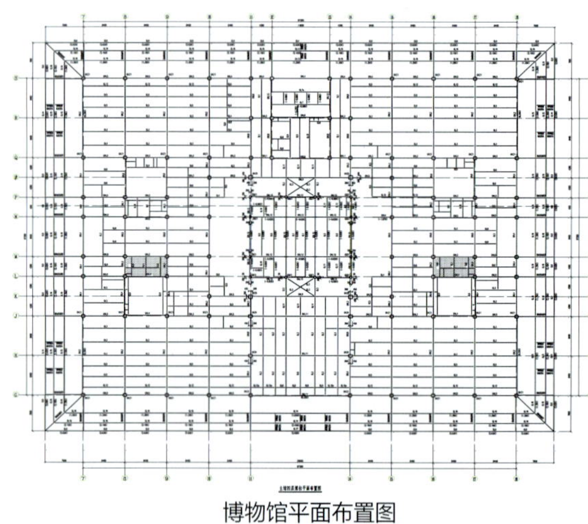

博物馆平面布置图

2009年3月主持设计的金正威尼斯（海悦天地）商业综合体项目，建筑面积340 700 m²，地下3层、地上7层裙房和6个塔楼（编号A、B、C、D、E、F），裙房高度为32.2 m，塔楼高度分别为149.95 m、100.95 m、59.45 m，塔楼与裙房连为一个整体，为大底盘多塔结构建筑。A塔为超高层建筑，结构形式为钢筋混凝土筒中筒结构，其他塔楼

金正威尼斯商业综合体

和裙房结构形式为框架－剪力墙结构。A座主楼基础设计采用桩－筏板基础，采用旋挖成孔灌注桩；B、C、D、E、F座主楼基础设计采用筏板基础和CFG桩地基处理；裙房基础设计采用筏板基础，天然地基。

A座主体高度149.95 m，接近相关规范规定的A级高度筒体结构的最大适用高度150 m。利用电梯间和设备管井等部位设置了内核心筒，内筒宽度13.2 m，约为高度的1/12。墙厚自下而上逐渐减小。外框筒采用密柱高梁筒，柱距4.5 m，略超4.0 m，柱宽沿筒方向不小于0.9 m，梁高0.9 m以上，各层均满足开洞率不大于60%的要求。下部楼层局部外筒框架柱在建筑出口处抽去，采用了转换梁局部转换方案。外筒的四角部8至36层设置L形四角剪力墙，8层以下3个角结合楼梯间设置成角筒，一个角设置加长的L形剪力墙。内外筒之间设置了12根内框架柱。角筒、角墙的设置，增大了角部构造刚度，提高了结构的抗扭能力。楼屋盖采用现浇钢筋混凝土梁板结构，为了加强结构的整体性，对刚度突变部位和各层楼盖外角，楼板适当加厚并双层双向配筋，以保证地震作用的有效传递。

近年来国家大力推行建筑产业化，装配式建筑作为一种全新的建造方式，逐渐取代传统的施工工艺，同时引领设计行业的变革。其通过工厂制作和现场组装，减少了人为因素的过多干扰，提高了工程质量。2015年，我院承接邯郸民乐苑保障性住房项目设计，这是省内第一个成规模全装配式混凝土剪力墙住宅工程。当时河北省装配式建筑的发展处于起步阶段，设计技术体系、关键技术及集成技术还不

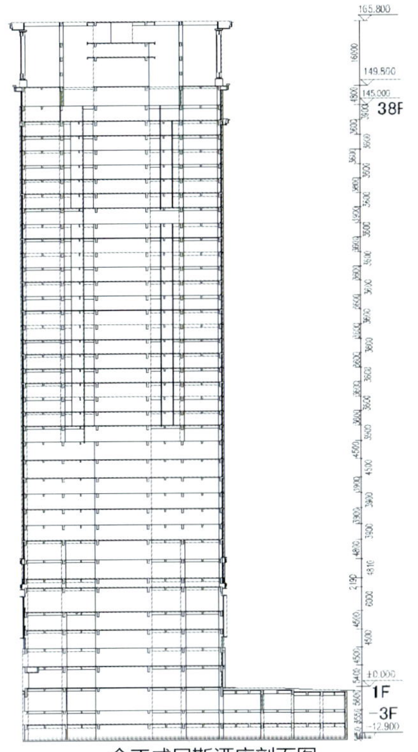


金正威尼斯酒店剖面图

邯郸民乐苑保障性住房项目总图

邯郸民乐苑保障性住房

成熟，在标准化设计、工厂化生产、装配化施工、一体化装修、信息化管理、智能化应用等方面缺少经验。作为河北省整体装配式建筑设计的先行者，面临极大的困难和挑战，但也是难得的机遇。我与项目组先后调研了合肥、深圳、沈阳、上海装配式建筑发展好的城市，学习先进的经验和成熟的设计技术与集成技术，为该工程项目设计进行前期准备。此项目位于邯郸市，是邯郸市住宅产业化示范工程，总用地面积 143 005.9 m$^2$（241.51 亩），总建筑面积 360 000 m$^2$，建筑形式涵盖了钢筋混凝土整体装配式高层和钢结构高层等。其中 4 栋 28 层整体装配式高层住宅，建筑高度 81.5 m，建筑面积 80 000 m$^2$，采用预制剪力墙外墙，预制内隔墙，叠合楼板、楼梯、空调板、阳台板均为预制。上下层预制剪力墙采用钢筋灌浆钢筋套筒连接，同层预制剪力墙采用竖向后浇带连接。地上部分装配率为 53%，基础采用筏板 + 复合地基。2 栋高层钢结构公寓写字楼，层数分别为 27 层和 15 层，结构形式为框架 - 支撑结构。此工程分别进行了不同结构形式装配式建筑设计实践，是非常少见的工程案例。

马 洪 ○

# 爱岗敬业，责任担当

随着我院建设区域强院目标的实施，承揽设计工程的范围向全国其他省市陆续推进，20 世纪 90 年代我院陆续在上海、广西北海、广东珠海和东莞、海南海口、河北秦皇岛等地建立分院。从 1993 年到 2000 年间，我在上海、广西北海等分院工作成为一种常态。在驻现场设计并应对地区差异造成的各种技术问题的同时，还要克服种种生活困难以及高强度、长时间工作造成的身体不适和疲惫。当时河北省的经济发展还在起步阶段，高层建筑等大项目很少，而上海那时已开始大面积的建设高层建筑、高档住宅。期间参与设计了上海华鑫大厦、黄浦区 108# 地块和 109# 地块、上海大学二期实验中心、上海万里示范小区等工程项目。

上海黄浦新苑（上实华苑）

设计于 1996—1997 年的黄浦新苑上实华苑科技示范小区是上海黄浦区重点示范小区，地处西藏南路、丽园路，一期总建筑面积 183 000 m$^2$，二期总建筑面积约 70 200 m$^2$，有十几栋高层建筑，建筑高度 75～100 m，结构体系为剪力墙结构，基础形式为桩筏基础，桩基采用钻孔灌注桩。我负责一期 183 000 m$^2$ 高层建筑结构设计。上海地区地表以下 0.5 m 就见地下水，土层分布较为复杂，场区局部存有暗浜、古河道等软土层，桩基持力层埋深较深，开发商为节约投资，降低土建成本造价，在优化结构布置方案时，尤其重视建筑地下部分成本控制和上部结构布置对功能的影响等问题。首先控制地下室结构构件尺寸，高层地下室尽可能浅埋，基坑开挖和降水成本小。另外，降低基础桩基成本，选择适合的桩型及桩长，发挥单桩最大效能比。上海地区钻孔桩常用的桩径分别为 600 mm、700 mm、800 mm 三种，按照每栋高层不同的层数、高度和地基土层分布的情况，在桩数、桩长、桩径之间进行了大量的比较验算，以求单方混凝土用量提供最大承载力，不同高度的建筑选用适合的桩型。上海百米高层风荷载作为主要控制荷载，在优化上部剪力墙布置方案时，已将人体舒适度的控制作为结构动力性能指标之一考虑，剪力墙的数量、布置位置、单一剪力墙的长短均会引起结构动力性能的变化。为了取得良好的综合效益，设计寻求最合适优化点，非常重视前期结构方案比选这一环节。20 世纪 90 年代在分院设计高层建筑的历练，是一段收获了诸多可以永远铭记的时光。黄浦新苑上实华苑科技示范小区一期 1999 年获建设部“四优”奖第一名，于 2001 年建成。

1994 年 8 月负责设计上海华鑫大厦，这是较早接触到的高层建筑复杂结构案例。本工程与上海民用建筑设计研究院合作，上海民用院完成方案，河北院作施工图。华鑫大厦建筑面积 23 000 m$^2$，建筑高度 80 m，地上 20 层，1 至 10 层为商业、公寓、旅馆，11 至 20 层为住宅，按建筑功能需求，10 层以下为框架－剪力墙结构体系，11 层以上为纯剪力墙结构体系，为了实现两种结构体系的转换，在 10 层与 11 层之间设置箱形结构转换层，转换层高度 2 m。那时带转换层的高层建筑较少，转换层设置的位置没有限定，对超限高层的设计方法还在摸索中，整体结构与箱形转换层采用不同软件进行分析。20 世纪 90 年代计算分析软件远不如现在的软件功能强大，诸多问题给设计工作带来困惑及挑战。在结构方案调整、重要构件受力分析等方面得到上海民用院专家的帮助，在按时完成工程设计的同时也收获了复杂高层设计的经验。

河北医科大学教学楼是集科研、教学、会议多功能于一体的建筑，建筑面积 30 000 $m^2$，包括 15 层科研主楼、2 000 $m^2$ 的多功能剧场、多层大跨阶梯教室等。结构形式为框架－剪力墙结构，梁式筏形基础。考虑学校建筑的特点，在工程方案的选取上，注意采用先进的建筑技术，在满足建筑功能的同时，提升其使用价值。科研主楼采用现浇大跨空心楼盖技术，减小上下层之间干扰，保证隔声、保温效果。多层大跨阶梯教室尽可能提高教室内部净高，在设计中比较了普通梁板、单向密肋楼盖、现浇大跨空心楼板多个方案后，最后采用单向密肋楼盖结构。2000 $m^2$ 多功能剧场的屋顶采用不规则椭圆四角锥钢网架空间结构和 30 m 大跨有黏结预应力后张技术以及高强材料，使其建筑物达到很高的科技含量。该设计获河北省勘察设计二等奖，施工获国家鲁班奖。

河北医科大学教学主楼

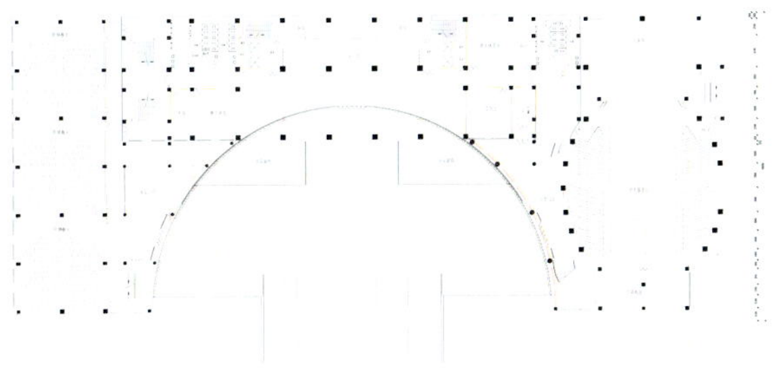
教学主楼平面图

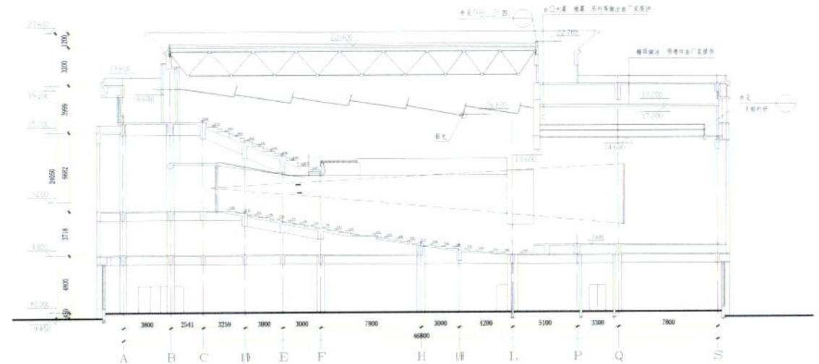
报告厅剖面图

## 技术先行，创新创优

从事专业设计 30 余年来，不间断的工程实践让我深深体会到建筑技术日新月异的发展，在繁杂各异的工程难题面前，只有不断学习、勇于实践，才能保证技术领先。我近年来先后参加科研项目和技术创新 10 余项，参编多项国家和河北省技术标准，并以大型复杂工程的技术难点作为技术研究方向，与课题组共同完成的“框架剪力墙结构（邯郸市科技中心）屈曲约束支撑设计应用”“随转换层位置变化高层建筑结构抗震设计研究及经济分析”等分析研究获省级一等奖，“HRB500 级钢筋在工程中的应用研究”“‘四新四节一环保’技术在建筑中的综合应用研究与应用”等

邯郸市科技中心

马 洪 ○

屈曲约束支撑安装图

项目分获河北省科委科技进步二等奖和三等奖、河北省建设行业科学技术进步一等奖。邯郸市科技中心工程，地下3层，地上主楼和科技产业馆分为2个独立单体。主楼地上25层，主体高度99.2m；科技产业馆地上4层，主体高度23.4m；车库地下3层，主楼和科技产业馆均采用框架－剪力墙结构。基础采用桩筏基础，主楼地下为泥浆护壁钻孔灌注桩，并采用桩端后注浆技术，有效提高了桩的抗压承载力。地下室平面长度大于200m，主楼以外的基础采用了抗拔桩，解决地下水位较浅和主楼以外地下车库抗浮的问题。为增加主楼的抗扭刚度，在主楼四角布置了柱间支撑，支撑布置与建筑立面巧妙结合，避免设置钢筋混凝土剪力墙对建筑立面的影响。设计采用弹塑性时程分析，比较屈曲约束支撑布置在不同楼层实际耗能情况，充分发挥屈曲约束支撑的消能减震作用，同时节约工程造价。并参编《装配式混凝土建筑技术标准》和河北省技术标准《装配式混凝土剪力墙结构节点及连接构造》等7本图集。创新创优主要业绩如下。

1.科研成果

（1）“大底盘双塔楼连体和带转换层高层建筑抗震研究”，获河北省科学技术进步三等奖、河北省建设行业科学技术进步一等奖。

（2）“‘四新四节一环保’技术在建筑中的综合应用研究与应用”，获河北省科学技术进步三等奖、河北省建设行业科学技术进步一等奖。

（3）“HRB500级钢筋在工程中的应用研究”，获河北省科委科技进步二等奖、河北省建设行业技术进步一等奖。

（4）“套建高层建筑改造抗震设计研究”，获河北省建设行业技术进步一等奖。

（5）“建筑信息模型（BIM）在结构设计中的应用研究”，获河北省建设行业技术进步一等奖。

2.工程获奖

（1）河北省建设厅办公楼，获中国勘察设计协会二等奖、河北省工程勘察设计一等奖。

（2）石家庄正定机场候机楼改扩建工程，获河北省工程勘察设计一等奖、国家优质工程银质奖。

（3）石家庄中华商务广场，获河北省工程勘察设计一等奖。

（4）怀特名优特、文化、旅游一条街，获河北省工程勘察设计二等奖。

（5）河北省衡山生态旅游开发项目，获河北省工程勘察设计一等奖。

（6）河北华夏集团华夏超市，获河北省工程勘察设计二等奖。

（7）河北医科大学教学主楼，获河北省工程勘察设计二等奖。

3.技术创新

（1）“框架剪力墙结构（邯郸市科技中心）屈曲约束支撑设计应用”课题获省级一等奖。

（2）“提高独立基础设计效率”获河北省工程勘察一等奖、中国勘察协会优秀奖。

（3）“装配整体式剪力墙结构设计应用实例”课题获省级一等奖。

（4）“随转换层位置变化高层建筑结构抗震设计研究及经济分析”获河北省工程勘察设计咨询行业二等奖。

（5）“HRB500 级钢筋应用研究”获河北省工程勘察设计咨询协会三等奖。

（6）“装配式预制剪力墙住宅设计应用”课题获省级三等奖。

4. 参编技术标准和图集

（1）国家标准《装配式混凝土建筑技术标准》（GB/T 51231—2016）。

（2）河北省建设标准《HRB500 级钢筋应用技术导则》。

（3）河北省建设标准《塑料排水检查井应用技术规程》（DB13(J)/T 137—2012），编写其中结构设计章节。

（4）河北省建设标准设计《剪力墙结构钢筋混凝土叠合板》（J17G210）。

（5）河北省建设标准设计《预制混凝土剪力墙外墙板》（J17G212）。

（6）河北省建设标准设计《预制混凝土剪力墙内墙板》（J17G211）。

（7）河北省建设标准设计《预制钢筋混凝土板式楼梯》（J17G214）。

（8）河北省工程标准设计《装配式混凝土剪力墙结构节点及连接构造》（J17G213）。

（9）河北省建设标准设计《装配式混凝土剪力墙结构住宅表示方法及示例》（J17G209）。

（10）河北省建设标准设计《预制钢筋混凝土阳台板、空调板》（J17G209）。

（11）河北省建设标准设计《轻集料混凝土复合保温砌块填充外墙构造》（J08J111）。

（12）河北省建设标准设计《轻型木屋架平屋面改坡屋面建筑构造》（J10J122）。

（13）《高层建筑抗震设计研究工程实例》（河北科学技术出版社出版）。

（14）《石家庄市中华商务广场工程结构设计》。

## 石家庄正定机场候机楼改扩建工程

建设地点：河北省石家庄市正定新区
建筑面积：55 538 m²
设计/竣工：2005 年 3 月 / 2007 年
获奖情况：河北省勘察设计一等奖；国家优质工程银质奖

本工程结构体系为框排架结构，屋盖为大跨空间钢管主桁架和弧形空间次桁架结合的结构体系。钢管主桁架跨度 52.195 m，钢屋盖设 3 道通长管桁，两端及悬挑部位设水平支撑，共同形成空间结构受力体系。支撑空间桁架的柱为钢管混凝土柱，桁架支座处采用铸钢球节点和滑动支座解决钢管桁架的变形。结构设计采用宽梁、厚板、黏结后张拉预应力技术、现浇空心板楼盖技术等措施，提高建筑空间高度和结构竖向刚度突变问题，保证楼盖承载力和整体刚度传递水平荷载。

## 上海黄浦新苑（上实华苑）科技示范小区

建设地点：上海市黄浦区

建筑面积：183 000 m$^2$

设计 / 竣工：1999 年 / 2001 年

获奖情况：国家小康住宅示范小区科技进步优秀奖

本工程位于上海市黄浦区西藏南路、丽园路，分两期建设。一期用地 3.9 ha，总建筑面积 183 000 m$^2$，包括 8 栋 60~100 m 的高层住宅，结构体系为剪力墙结构，基础为钻孔灌注桩筏板基础，荣获 1999 年建设部“四优”奖第一名。

## 定州铭智广场

建设地点：河北省定州市
建筑面积：120 000 $m^2$
设计/竣工：2015 年/2017 年

本项目位于定州市城市发展重要区域，与定州开元寺塔同为地标性建筑，建筑采用高低错落的跌落设计，是商业、休闲、宾馆、娱乐多功能建筑，赋予丰富变化的新城市现代气息。本项目总建筑面积约 120 000 $m^2$，地下 2 层，地上主楼 25 层、裙楼 7 层；主楼建筑高度 130 m，采用框架－核心筒结构；裙楼高 31.450 m，采用框架－剪力墙结构。目前，本项目主体已封顶，正在做设备安装。

## 河北省磁县棚户区改造项目

建设地点：河北省邯郸市磁县
建筑面积：960 000 $m^2$
设计/竣工：2012 年/2016 年

本项目是所设计的纯住宅小区中建筑面积最大的工程项目，其中包括 33 栋高层住宅、临街商业、小学、幼儿园和地下车库等，总建筑面积约 960 000 $m^2$。住宅高度 43.85~97.7 m，采用剪力墙结构；临街商业、小学、幼儿园和地下车库采用框架结构。主楼基础采用筏板+复合地基，地下车库基础采用独立基础+防水板基础。

## 石家庄中华商务广场

建设地点：河北省石家庄市
建筑面积：80 000 $m^2$
设计/竣工：2003 年/2005 年
获奖情况：河北省勘察设计一等奖

本项目结构形式为框架-核心筒结构，为大底盘双塔高位连体复杂结构。总建筑面积 80 000 $m^2$，由 2 栋 25 层对称高档写字楼和 5 层商业裙房连成一个整体，未设置变形缝。地下设 3 层地下室，地下 2 层按 6 级人防设计。建筑 20 至 25 层的两个塔楼之间，用四榀钢结构钢桁架连接，连接跨度 25 m，整个建筑形成了大底盘双塔楼塔楼顶部连体的结构。基础形式为梁式筏板基础，地基采用 CFG 桩复合地基。

## 金正威尼斯（海悦天地）商业综合体

建设地点：河北省石家庄市
建筑面积：340 700 $m^2$
设计/竣工：2009 年/2011 年

本项目建筑面积 340 700 $m^2$，是大底盘多塔结构建筑，地下 3 层，地上 7 层裙房和 6 个塔楼（编号 A、B、C、D、E、F），塔楼与裙房连为一个整体。裙房高度 32.2 m，塔楼高度分别为 149.95 m、100.95 m、59.45 m。A 塔楼为超高层建筑，结构形式为钢筋混凝土筒中筒结构，其他塔楼和裙房结构形式为框架 - 剪力墙结构。A 座主楼基础设计采用桩 - 筏板基础，采用旋挖成孔灌注桩。

## 邢台博物馆

建设地点：河北省邢台市
建筑面积：78 000 m²
设计 / 竣工：2016 年 / 在建

本项目总建筑面积约 78 000 m²，地上主馆 5 层、辅馆 3 层，其中主馆总高度 35.45 m，全楼采用钢框架结构，楼板采用钢筋桁架楼承板；辅馆总高度 19.70 m，采用现浇框架结构。基础形式有筏板基础、柱下独立基础等。地上主馆屋顶设 35 m 跨钢桁架，局部竖向悬吊 2 层结构，同时主馆外侧 2 层采用三角桁架实现了建筑仿古形式近 9 m 的大悬挑。

## 河北医科大学教学主楼

建设地点：河北省石家庄市
建筑面积：30 000 m²
设计/竣工：2002 年/2005 年
获奖情况：河北省勘察设计二等奖

本项目是集科研、教学、会议多功能于一体的建筑，建筑面积30 000 m²，包括15层科研主楼、2 000 m²的多功能剧场、多层大跨阶梯教室等组成部分。结构形式为框架－剪力墙结构，梁式筏形基础。楼、屋盖分别采用单向大跨密肋楼盖、现浇大跨空心楼板、不规则椭圆四角锥钢网架空间结构和30 m大跨有黏结预应力后张技术。

## 邯郸民乐苑保障性住房项目

建设地点：河北省石家庄市
建筑面积：80 000 m$^2$
设计 / 竣工：2015 年 / 在建

本项目是河北省内第一个成规模采用全装配式建造技术的工程。总用地面积 143 005.9 m$^2$（241.51 亩），总建筑面积 360 000 m$^2$。其中，包括 4 栋 PC 整体装配式高层住宅和 2 栋钢结构高层公寓写字楼。高层住宅建筑高度 81.5 m，采用预制剪力墙外墙，预制内隔墙，叠合楼板、楼梯、空调板、阳台板均为预制。上下层预制剪力墙采用钢筋灌浆钢筋套筒连接。地上部分装配率为 53%。高层钢结构公寓写字楼，高度分别为 92.5 m 和 52 m，结构形式为框架 - 支撑结构。基础采用筏板 + 复合地基。

## 河北航空大厦

建设地点：河北省石家庄市
建筑面积：100 000 m²
设计 / 竣工：2010 年 / 2013 年

本项目是集办公、餐饮、会议等多功能于一体的综合楼，由主楼、东配楼、西配楼及地下车库组成，总建筑面积约 100 000 m²。地上建筑面积约 76 000 m²，主楼地上 31 层，建筑高度为 138.6 m；东、西配楼地上 7 层，结构高度为 30.7 m；地下 2 层，建筑面积约 24 000 m²。主楼结构采用现浇钢筋混凝土框架 - 双核心筒结构体系，两个核心筒均为矩形，平面尺寸均为 21.55 m × 10.0 m，核心筒相距 25.2 m，为减小扭转效应在核心筒以外另设 4 道剪力墙，与双核心筒组成主要抗侧力结构体系，基础采用钻孔灌注桩 + 筏板基础，灌注桩采用后注浆技术，桩端持力层为卵石层。

# 宫海军

1965 年出生，1985 年 9 月至 1989 年 6 月在华南理工大学建筑工程系工业与民用建筑工程专业学习，1989 年 6 月大学毕业获工学学士学位。

大学毕业至今在北方工程设计研究院有限公司从事建筑工程设计和技术管理工作。历任结构室副主任、副所长兼所总工程师，2006 年被任命为公司副总工程师，现任公司副总工程师、公司科技委员会委员、科技委结构分会主任、结构研究中心主任、河北贺宸工程设计咨询有限总司总经理，现为研究员级高级工程师、国家一级注册结构工程师。

**社会任职**

现任中国勘察设计协会结构设计分会常务理事、中国工程建设标准化协会建筑振动专业委员会委员、河北省超限高层建筑工程抗震设防审查专家委员会委员、河北省工程勘察设计咨询协会常务理事、河北省工程勘察设计专家委员会专家、河北省土木建筑学会结构工程学术委员会常务理事、河北省土木建筑学会建筑节能与绿色建筑学术委员会副主任委员、河北省土木建筑学会工程诊治与质量控制学术委员会副秘书长、河北省工程勘察设计咨询协会钢结构设计与产业化分会常务理事、河北省土木建筑学会地基基础学术委员会委员、石家庄铁道大学及河北科技大学硕士研究生校外导师。

**主持工程情况及荣誉**

荣获多个省、部级勘察设计奖项，其中洛阳国税局综合楼、北京车道沟十号院西南角项目获部优设计一等奖；《CL 结构体系技术规程》获建设部优秀标准奖；《复合保温钢筋焊接网架混凝土剪力墙构造（CL 建筑体系）》《EPS 模块现浇混凝土剪力墙建筑构造》获省优勘察设计一等奖；2016 年获中国勘察设计协会全国施工图审查工作先进个人特别贡献奖，2017 年 12 月荣获河北省工程勘察设计大师称号。

**社会责任**

主编及参编标准及规定已出版发行的共 37 本，在编国家标准 4 本，河北省标准 6 本；获省部优勘察设计奖 9 项；中国机械工业科学技术奖及河北省建设行业科技进步奖各一项；著作 8 部、核心期刊发表论文 7 篇；拥有实用新型专利 7 项。技术支撑和结构设计水平处于业内前列。2017 年 12 月被河北省住房和城乡建设厅、河北省人力资源和社会保障厅认定为河北省工程勘察设计大师。

**单位评价**

宫海军同志，国家一级注册结构工程师，公司副总工程师、结构研究中心主任、河北贺宸工程设计咨询有限公司总经理。该同志工作以来一直从事建筑结构设计和技术管理工作，主持完成了百余项大中型建筑工程的设计及咨询工作，有扎实的理论基础和专业知识。在建筑产业现代化技术、既有建筑改造与拓展技术、振动控制技术、复杂结构技术等多方面有较深的造诣和丰富的实践经验。多项技术标准的编制及在实际工程中的应用推广，为公司技术水平的提高做出了贡献。在技术管理方面，为公司结构专业设计质量保证、创新技术推进、人才梯队建设和公司可持续发展做了很好的技术支撑，起到了引领作用。在科技成果方面，获省部优勘察设计奖 9 项，中国机械工业科学技术奖及河北省建设行业科技进步奖各 1 项，主编和参编的规范标准 37 本、著作 8 部、发表论文 11 篇，拥有发明专利 1 项、实用新型专利 7 项。

该同志政治品德和职业品德优秀，爱岗敬业，具有坚定的政治方向，学风严谨正派，有解决复杂关键技术问题的水平和开拓创新的能力。

宫海军 ○

# 自传

回顾大学毕业后29年的工作历程和个人成长经历，可分为以下几个阶段。

第一阶段：1989年6月至1992年3月

大学毕业后踏上工作岗位，很荣幸单位安排张洪波作为我的首个师傅带我做工程项目设计，期间我先后设计了太原机械学院学生俱乐部、107厂502号建筑物（全装配式排架结构）、中国国际科学中心展览楼（现北京赛特购物中心，钢框架结构部分）、石家庄日报社新闻大厦等当时在我院有影响力的大型项目。这些项目的设计经历锻炼了我，北方设计研究院严谨、细致、认真、科学而又富于创新的工作方法和态度感染了我，为我日后的成长奠定了深厚的基础。

第二阶段：1992年3月至1995年5月

在这期间，受单位委派我到北方设计研究院深圳分院工作，在周炳良总工指导下，工作能力、技术水平得到了更高层次的提升。作为专业负责人或主要设计人先后设计了深圳宝安县福永镇文化艺术中心（中型影剧院）、广东淡水南环大厦（富景大厦，超限高层建筑，第9层做转换层的框支剪力墙结构）、东莞太平广场花园商住楼（超限高层大底盘建筑）、广东东莞怡康置业有限公司商住楼（框支结构）、深圳蛇口招商港务有限公司办公楼（高层框剪）、深圳机场货运站（装配式钢结构）等大型工程。作为福建东山金融大厦项目工程管理负责人驻现场办公，在工程项目管理方面得到了锻炼。这期间设计的项目建筑结构类型量大面广，同时经常赴工地现场处理和解决实际问题，综合能力得到了很大提高。

第三阶段：1995年5月至2001年2月

从深圳分院返回总部，在刘哲、齐建伟两任主任的先后带领下，作为技术骨干完成了石家庄东海大厦、镇江奇美PSP厂房和多层办公楼（全装配式钢结构）、石家庄太和电子商城、株洲电力机车研究所工程中心（国家级工程中心）、石家庄保龙仓超市、石家庄阳光大厦二期、河南省洛阳国税局综合楼、石家庄新中国商城（天元名品）、石家庄人民广场等大型工程的设计工作，同时注重技术提升，参加了全国首部复合墙体系技术标准《CL结构体系技术规程》的编制工作，并将该体系用于本人作为专业负责人的实际工程项目之中，即国家第一幢CL建筑体系住宅青岛错埠岭三小区工程9号住宅楼。这期间注重新技术的研究和在实际工程中的应用，这些新技术在当时均处于国内领先水平，如全装配式钢结构、大跨度门式刚架、预应力拱架、现代预应力技术、加固改造技术、复合保温墙建筑体系、超长结构、复杂结构分析等。

第四阶段：2001年2月至2008年2月

北方设计研究院机构调整，我被任命为第二设计所副所长兼所总工程师。在王振宗所长带领下，先后设计了保定金融高等专科学校二校区、河北农业大学西校区、石家庄信息工程职业学院新校区、河北科技大学新校区、沧州职业技术学院、华北煤炭医学院冀唐学院新校区、唐山劳动高级技工学院新校区、北京理工大学良乡校区、南京528厂兵器工业信息化产业基地北京华北光学仪器有限公司（218厂）整体搬迁项目、亚太大酒店贵宾楼、石家庄市裕华区行政管理中心、北京车道沟十号院（1A、1B、1C号建筑物）、河北省委党校综合教学楼、沧州四局（国税、国土、劳动、房管）办公楼等大学校园、产业园区等综合大型工程。这期间本人的技术管理和经营管理能力得到了大幅锻炼和提升，从单一的技术人员向复合型技术管理者发展。

第五阶段：2008年2月至2012年2月

北方设计研究院部分机构调整，我被调至北方设计研究院全资子公司河北贺宸事务所任副所长兼所总工程师。在孙贺臣大师的带领下完成了保定万博广场（200 m高）、邯郸文化艺术中心、石家庄勒泰中心（620 000 m$^2$、4栋塔楼高180~200 m大型城市综合体项目）、石家庄华强广场、石家庄国际会展中心等多项超限高层建筑及石家庄万达广场等百余项工程的施工图审查工作。作为河北省超限高层抗震设防专项审查委员会委员评审了保定万博广场、石家庄勒泰中心、石家庄苏宁电器广场、石家庄华强广场、石家庄国际会展中心、三河市京贸金融商务中心（南区）等超限高层专项论证工作，为河北省超限高层建筑的技术发展和施工图设计质量保证和提高做出了贡献。作为历年版本主要起草人编写了《河北省房屋建筑和市政基础设施工程施工图设计文件审查要点》《建筑工程勘察设计常见质量问题分析与解决措施》，并作为主讲人之一向全省施工图审查人员进行宣传贯彻，提高了全省施工图审查人员的审查水平。

第六阶段：2012 年 2 月至今

北方设计研究院更名为北方工程设计研究院有限公司，并进行机构调整，成立结构研究中心，我被任命为结构研究中心主任、河北贺宸工程设计咨询有限公司总经理。在此期间我在公司领导的帮助下，率领团队结合行业最新的发展方向及动态，布局建筑产业现代化技术、既有建筑改造与拓展技术、复杂结构与减震隔震技术、结构专项分析与振动控制技术、施工图审查及设计咨询业务（贺宸公司）五大方向，并逐步形成了自己的核心技术，取得了良好的经济效益和社会效益。在专业技术方面上了一个新台阶，向制定标准迈进，主编及参编标准及规定已出版发行的共 37 本，在编国家标准 4 本，河北省地方标准 6 本；获省部优秀勘察设计奖 9 项；中国机械工业科学技术奖及河北省建设行业科技进步奖各 1 项，著作 8 部，核心期刊发表论文 7 篇；拥有发明专利 1 项、实用新型专利 7 项，技术支撑和结构设计水平处于业内前列。2016 年被中国勘察设计协会评为全国施工图审查工作先进个人特别贡献奖，2017 年 12 月被河北省住房和城乡建设厅、河北省人力资源和社会保障厅认定为河北省工程勘察设计大师，这是对我工作的肯定、鼓励和鞭策，我将不忘初心，珍惜荣誉，锐意进取，争创佳绩，为提升行业工程勘察设计工作水平做出更大的贡献。

## 主要业绩

参加工作 29 年以来，我一直从事结构设计及技术管理工作，承担过各种结构类型的工程设计与咨询工作，倡导结构精细化设计、关键技术研究和科技创新，推进结构技术进步，践行新技术在实际工程中的应用和提升，发挥专业特长及技术水平的先进性、领先性和创新性。

本人爱岗敬业、开拓创新，依托实际工程的创新设计及研究，逐步在振动控制技术、建筑产业现代化技术（含装配式建筑、钢结构、复合保温剪力墙结构体系、保温结构一体化技术等）、复杂结构（含超限高层建筑）设计技术、既有建筑改造与拓展技术等多方面形成专业特长，对这些技术有较深厚的理论基础及实际工程设计经验。

1. 科技积累、研究及创新

（1）振动控制技术在工业与民用建筑领域愈来愈受到重视。本人依托公司在该领域研究水平处于国内前列的优势，不断探索创新，在振动荷载取值及控制研究、振动测试理论及方法研究、动力机械振动研究、振动实验台、减隔震技术等前沿技术理论与实践研究方面取得了新进展。在中国南车株洲电力机车研究所工程中心、中国北方发动机研究所、中国兵器北方光电产业园、中国兵器 201 所及 205 所等多项工业工程项目设计中得以应用，保障了大型装备的振动控制及精密设备防微振干扰。作为编制组成员参与了国家标准《建筑工程容许振动标准》（GB 50868—2013）、《建筑振动荷载规范》（GB/T 51228—2016）的编制，在编国家标准《工程振动控制通用规范》《建筑工程振动控制标准》《振动实验台基础技术规范》《隔振设计标准》。这些标准的编制进一步完善了我国振动标准体系，推进了工程振动领域的技术进步。在振动控制理论及实践研究方面，参加编写了《建筑振动荷载标准理解与应用》并已出版发行；在国家中文核心期刊发表了 3 篇论文：振动容许标准论文《动力机械基础容许振动标准取值探讨》发表在国家中文核心期刊《桂林理工大学学报》2012 年第 32 卷第 3 期，振动测试论文《振动响应测试技术方法研究及应用》发表在国家中文核心期刊《合肥工业大学学报（自然科学版）》2016 年第 39 卷第 6 期，减隔震技术论文《基于概率统计方法的隔震分析设计》发表在中文核心期刊《工业建筑》2017 年第 47 卷第 4 期。其中，振动测试论文《振动响应测试技术方法研究及应用》中，本人提出的一种振动响应测试理论及方法既具有先进性又具有可实施性，得到了业内专家的好评，并应邀在第七届全国建筑振动学术会议上作主题学术报告。作为石家庄铁道大学硕士研究生校外导师指导了周健男硕

宫海军 ○

士研究生完成了《大高宽比基础隔震结构地震反应的研究》工程硕士学位论文。将隔震技术应用在太原经济技术开发区保障性住房配建学校工程建设项目中初中综合楼、小学综合楼等民用建筑中，提高了建筑物的抗震能力。根据多年来在振动控制技术行业的表现及成绩，2015年被聘为中国工程建设标准化协会建筑振动专业委员会委员。

（2）积极倡导和研究建筑产业现代化技术，并在实践工程中践行。早在1991年设计的107厂502号建筑物中就采用了全装配式钢筋混凝土（PC）结构；在中国国际科学中心展览楼（现北京赛特购物中心）项目中采用了部分装配式钢结构体系；在1996年设计的镇江奇美PSP厂房和多层办公楼、石家庄保龙仓超市中采用了全装配式钢结构形式。近年来参加设计的石家庄新合作大厦、斯必克冷却技术(张家口)有限公司新工厂项目均采用了装配式钢结构体系。主持编写了《钢结构建筑标准体系汇编》《钢结构建筑技术调研和关键技术研究》、河北省地方标准《钢结构住宅技术规程》《钢结构围护体系技术规程》及CL建筑体系、EPS模块、ZJN等装配式建筑及保温结构一体化体系标准。以上课题及标准对推进相关技术的推广和应用起到了技术支撑作用。

（3）作为项目负责人或主要设计人参加了广东淡水南环大厦、东莞太平广场花园商住楼、石家庄市裕华区政府办公楼、石家庄新合作大厦、石家庄恒大金碧天下国际会议中心等超限高层工程设计工作；作为主要编写人编写了河北省《超限高层建筑工程认定规定》《高层建筑工程超限设计可行性论证报告编写深度规定》《超限高层建筑工程抗震设防专项审查规定》（冀建质〔2014〕2号），对河北省超限高层的技术发展和质量保证起到了技术支撑作用。作为施工图审查项目负责人审查了石家庄环球中心（236m高）、保定万博广场（200m高）、邯郸文化艺术中心、石家庄勒泰中心、石家庄华强广场、石家庄国际会展中心等多项超限高层建筑及石家庄万达广场等百余项工程的施工图审查工作。作为河北省超限高层抗震设防专项审查委员会委员评审了保定万博广场、石家庄勒泰中心、石家庄苏宁电器广场、石家庄华强广场、石家庄国际会展中心、三河市京贸金融商务中心（南区）等数十项超限高层专项论证工作，为河北省超限高层建筑的技术发展以及施工图设计质量保证和提高做出了贡献。作为历年版本主要起草人编写了《河北省房屋建筑和市政基础设施工程施工图设计文件审查要点》，并作为主讲人之一向全省施工图审查人员进行宣传贯彻，提高了全省施工图审查人员的审查水平。2016年荣获中国勘察设计协会全国施工图审查工作先进个人特别贡献奖。

（4）在既有建筑改造及拓展技术方面，2006年在石家庄铁道大学办公楼改扩建设计中，采用了耗能支撑结构构件，有效调整了结构扭转刚度，减少了加固工作量和对正常办公的影响，提高了加固效率；2007年参加设计的北京理工大学实验楼改造项目率先引入了后续使用年限概念（当时设计规范尚未提及），大幅降低了施工难度及造价；2009年在石家庄明月河住宅楼改造项目中将抗震性能化设计理念引入结构加固设计之中，加固费用由原设计的600余万元减至60余万元，并通过了国家级专家论证会论证；2013年作为项目负责人设计的新福家广场(140 000 $m^2$城市综合体）将现代钢结构加固技术与性能化设计理论相结合，在加固改造行业属于领先技术。有关抗震性能化设计理念在既有建筑抗震加固中的应用论文《基于性能抗震设计方法在明月河A座抗震加固设计中的应用》发表在《北方设计与科研》2009年第2期，是国内最早将基于性能抗震设计方法用于实际工程抗震加固设计中的一篇论文；《抗震性能化设计在某高层抗震加固中的应用》发表在中文核心期刊《工程抗震与加固改造》2017年第39卷第3期。

（5）参与研究的CL建筑体系及EPS模块系统体系均为保温结构一体化复合剪力墙体系技术，实现了保温与结构同寿命，杜绝了外保温层易脱落、防火性能差等质量问题，为绿色、节能、标准的实施及住宅产业化的推进提供了一定的技术支撑。其中，CL建筑体系是国内复合墙技术的开创者和引领者。2000年国内第一部复合墙技术标准《CL结构体系技术规程》（DB13/T（J）26—2000）颁布（本人为编制人之一）；2000年本人作为结构专业负责人将该体系用于青岛错埠岭三小区9号楼项目设计，成为国内第一个CL建筑体系应用工程，开创了日后该体系在全国数千万平方米建筑中应用的先河。2006 年又率先将该体系应用于 66926 部队高层住宅楼设计之中，并先后参与编制了河北省、山东省、山西省相关地方标准，为该体系的应用及推广和国内保温结构一体化技术的推进起到了技术引领作用。作为主要编写人编写的《CL 结构体系技术规程》（DB13/T（J）26—2000）获建设部优秀标准奖，《复合保温钢筋焊接网架混凝土剪力墙构造（CL 建筑体系）》获省优秀勘察设计一等奖（排名第一）。现该体系已在全国数千万平方米住宅项目中得到应用，经济效益和社会效益显著。

2. 工程设计项目

从建筑类型划分，我作为设计人或项目负责人承担过城市综合体、商业、酒店、校园建筑、医疗建筑、文化及旅游建筑、办公（科研楼）建筑、住宅建筑、工业建筑等不同类型建筑结构的设计工作。这些项目中多项技术达到或超过同期、同类项目的先进水平。

（1）1997 年作为专业负责人和设计人设计的石家庄保龙仓超市（10 900 $m^2$）为河北省第一个大跨度门式刚架轻型装配式钢结构工程，不仅填补了河北省仓储式商场（超市）模式及门式刚架轻型装配式钢结构形式的空白，而且为该结构形式取代传统的自重大、施工速度慢、造价高的现浇钢筋混凝土框架或框排架结构，并在日后河北省大跨度民用及工业厂房建筑中得到广泛应用和推广起到了示范和引领作用。此结构体系应用时间早于中国工程建设协会标准《门式刚架轻型房屋钢结构技术规程》（CECS102:98）颁布实施 1 年，早于国家标准《门式刚架轻型房屋钢结构技术规范》（GB 51022—2015）颁布实施 19 年，且此工程经受住了 2009 年石家庄超 50 年雪荷载记录极端雪灾的考验，使用至今效果良好。

（2）1998 年作为专业负责人和设计人设计的石家庄阳光大厦二期工程（10 000 $m^2$，预应力结构最大跨 29 m 预应力拱架，框架、框－排架结构），项目功能复杂，大跨度及高大空间要求给结构设计带来了很大难度，尤其在 2 至 5 层建筑功能变化较多，3 层要求设置保龄球馆，跨度达 29 m，4 层为桑拿及大会议室，荷载较重；5 层为网球场，也为大空间。经多方案推敲比较，最后巧妙地利用 4 层桑拿与大会议室之间一道通长墙体，将其改为 29 m 跨现浇钢筋混凝土预应力拱架，解决了使用空间在宽度和高度两个方向的难度要求，实现了建筑的使用功能，节省了大量施工费用，这项技术至今在河北省内未有突破，在国内也处于领先水平。

（3）1998 年作为专业负责人和设计人设计的洛阳国税局综合楼项目为集办公、酒店、餐饮功能于一体的带裙楼的高层框架－剪力墙结构（40 000 $m^2$、主楼 19 层、裙楼 3 层、地下 1 层）。根据使用功能要求，主楼、裙楼采用了不设缝的设计理念（主楼、裙楼高差 16 层未设抗震缝、沉降缝，建筑物长 82 m 超长未设伸缩缝），在工程主体完工后，业主根据酒店管理需要，增加阳光大堂，结构采用钢结构技术与混凝土加固技术，既满足了规范要求，又实现了酒店大堂功能完美的要求。无缝设计技术及现代加固技术在当时处于行业领先水平，此项工程 2002 年获部级优秀设计一等奖。

（4）1999—2001 年设计的石家庄人民广场项目是石家庄市的标志性建筑，其中包括人民广场地下工程、地上广场及人民会堂，作为人民广场地下工程专业负责人和设计人及人民会堂项目校审人。其中，人民广场地下工程采用了大跨度无黏结预应力无梁楼盖技术，是河北省内规模最大的预应力应用工程；采用钢筋机械连接新技术代替了传统的焊接工艺，大幅提高了施工质量及效率，为此技术在河北省内日后的迅速推广起到了技术引领作用。

（5）2003 年作为专业负责人和审核人设计的北京车道沟十号院西南角项目包括 1A、1B、1C 号建筑物（高层公寓、写字楼），其中写字楼采用剪力墙、框剪结构，地上 20 层，地下 3 层，总建筑面积 120 000 $m^2$。根据建筑功能需要，1 至 5 层设有 15 m × 22 m 共享大厅，5 层以上框架柱不能连续贯通落地，在 5 层形成高位转换层。以往大跨度转换梁上托剪力墙的转换结构遇到较多，而转换高层框架柱的情况较少。经多方案比较，采用部分有黏结预应力实腹钢筋混凝土转换大梁方案，同时考虑反拱因素对张拉时间及顺序的控制，并将抗震性能化设计理念应用于本工程，在确保安全的基础上，有效降低了主梁高度，增加了使用空间，减小了施工工作量，很好地满足了建筑使用功能的要求。此项工程 2010 年获部级优秀设计一等奖。

（6）2011年作为河北省第一届园林展览会主展馆项目结构方案制定人及设计审定人，为展示先进的低碳、绿色技术，体现“低碳、生态、智慧”的理念，结构设计确定采用钢结构管桁架结构以实现“枫叶”形外幕墙与内部大空间的完美过渡结合，内部部分大空间采用预应力现浇空心楼盖先进技术，实现建筑功能及外形美观要求，体现了“结构实现建筑创作之美”的设计理念。现该工程已投入使用，效果良好。

（7）2011年作为石家庄新合作大厦（高166.8m，地上39层，地下4层，总建筑面积116000m$^2$，采用钢管混凝土框架－钢筋混凝土核心筒（剪力墙）组合结构体系）项目审定人，制定了该项目的结构体系方案和抗震性能目标，并将绿色建筑设计理念引入结构体系、结构构件及材料设计之中。经多方案比较，主体塔楼采用了相对钢筋混凝土结构体系质量轻、梁柱截面小、施工速度快的组合结构体系，钢梁、钢楼承板等钢结构采用装配式建筑设计理念及技术，基础采用钻孔后注浆技术，地下室楼板采用现浇空心楼盖技术，钢筋均采用高强钢筋HRB400等技术，降低了材料用量，节约了投资成本，加快了建设速度与效率。本工程顺利地通过了河北省住建厅组织的超限高层抗震设防专项审查，设计成果总结论文《绿色建筑理念在超高层建筑工程结构分析中的应用》发表在中文科技核心期刊《华北地震科学》2014年第32卷。

（8）2012年作为项目负责人设计石家庄华夏商务中心项目（嘉悦中心，总建筑面积140600m$^2$，城市综合体，3栋塔楼，地下4层，地上16~24层，采用框剪、框－筒结构），按三星绿色标准设计，对照国家及河北省相关绿色建筑设计及评价标准，并结合本工程绿建咨询公司及能源咨询公司咨询报告要求，制定了各专业实施细则，并与绿建咨询公司一起编写了本工程的《绿色建筑设计标识申报自评估报告》。此外，本工程地下3层长295m，采用了不设置结构缝技术；为减小基础埋深、降低土方量及护坡工程量、保证护坡安全，地下室采用了无梁现浇空心楼盖技术。这些技术的采用为业主赢得了良好的经济效益和社会效益。此项目2013年获住建部三星级绿色建筑设计标识证书，是河北省最早一批最高绿建等级认证建筑。

（9）2014年作为项目负责人设计的石家庄之门项目，建筑面积41000m$^2$，地下2层、地上21层（2017年局部修改），双塔高位连体结构，19至21层连体，连体跨度19.2m，采用框架－剪力墙结构体系，属超限高层结构。本人制定了抗震性能目标，并与建设单位进行了沟通，在满足使用功能和性能的前提下，采用BIM技术进行了精细化设计。有关本项目抗震分析论文《石家庄之门大跨连体超限高层结构抗震分析》发表在中文科技核心期刊《华北地震科学》2015年第33卷第S1期。

（10）2015年作为项目负责人设计的斯必克冷却技术（张家口）有限公司新工厂设计项目，建筑面积38000m$^2$，有24m跨和32t吊车，采用钢结构装配式建筑结构。该工程处于地质条件复杂、土层起伏很大的湿陷性黄土场地，因工艺设备对地面变形控制要求较高，需全部消除建筑物范围内的湿陷性。经多方案比较采用强夯处理方案，在试夯过程中与建设方、施工方一起不断探索，最终找到了影响处理效果的关键因素，使工程得以顺利进行。该工程相关论文《湿陷性黄土地区复杂地质下钢结构厂房地基的加固处理》发表在中文核心期刊《工业建筑》2017年第47卷第4期。

3. 技术管理工作

作为技术管理人员，尤其在2006年任公司副总工程师以来，在严把设计质量关的同时，积极推进新技术在实际工程设计中的应用，认真践行精细化设计理念，公司设计质量和水平有了大幅提升。在人才培养方面，依托公司科技委结构分会为每位技术人员创造及提供学习、交流、发展和展示的技术平台，切实做好后备人才的传、帮、带工作，培养了一大批专业技术骨干；形成了年龄层次合理，以结构分会成员为引领，专业技术骨干为有生力量，经验丰富的专家为支撑的人才梯队，为公司可持续发展做了技术保障。近几年来带领团队结合行业最新的发展方向及动态，在建筑产业现代化技术、既有建筑改造与拓展技术、复杂结构与钢结构技术、结构专项分析与振动控制技术、施工图审查及设计咨询业务等方面积极探索，并取得了很大成绩，公司结构设计及标准化建设水平处于河北省前列。

## 石家庄保龙仓超市

建设地点：河北省石家庄市
建筑面积：10 900 $m^2$
设计/竣工：1997 年/1997 年

本项目是河北省第一个大跨度门式刚架轻型装配式钢结构工程，不仅填补了河北省仓储式商场（超市）模式及门式刚架轻型装配式钢结构形式的空白，而且为该结构形式取代传统的自重大、施工速度慢、造价高的现浇钢筋混凝土框架或框排架结构以及日后在河北省大跨度民用及工业建筑中得到广泛应用和推广起到了示范和引领作用。

## 北京车道沟十号院西南角项目

建设地点：北京市
建筑面积：120 000 $m^2$
设计/竣工：2003 年/2005 年
获奖情况：2010 年获部级优秀设计一等奖

本项目包括1A、1B、1C号建筑物(高层公寓、写字楼)，采用剪力墙、框剪结构，地上 20 层，地下 3 层，总建筑面积 120 000 $m^2$。根据建筑功能需要，1 至 5 层设有 15 m×22 m 共享大厅，5 层以上框架柱不能连续贯通落地，在 5 层形成高位转换层。经多方案比较，采用部分有黏结预应力实腹钢筋混凝土转换大梁方案，同时考虑反拱因素对张拉时间及顺序的控制，并将抗震性能化设计理念应用于本工程，在确保安全的基础上，有效地降低了主梁高度，增加了使用空间，减小了施工工作量，很好地满足了建筑使用功能的要求。

## 石家庄阳光大厦二期工程

建设地点：河北省石家庄市
建筑面积：10 000 m²
设计/竣工：1998 年/1999 年

本项目功能复杂，大跨度及高大空间的要求给结构设计带来了很大难度，尤其 2 至 5 层的建筑功能变化较多，3 层要求设置保龄球馆，跨度达 29 m；4 层为桑拿及大会议室，荷载较重；5 层为网球场，也为大空间。经多方案推敲比较，最后巧妙地利用 4 层桑拿与大会议室之间的一道通长墙体，将其改为 29 m 跨现浇钢筋混凝土预应力拱架，解决了使用空间在宽度和高度两个方向上的难度要求，实现了建筑使用功能，节省了大量施工费用。

## 洛阳国税局综合楼

建设地点：河南省洛阳市
建筑面积：40 000 $m^2$
设计/竣工：1998年/2010年
获奖情况：部级优秀设计一等奖；中国建筑工程鲁班奖

本项目为集办公、酒店、餐饮功能于一体的带裙楼的高层框架–剪力墙结构。根据使用功能要求，主、裙楼采用不设缝的设计理念（主、裙楼高差16层，不设抗震缝、沉降缝），建筑物长82 m超长不设伸缩缝；在工程主体完工后，业主根据酒店管理需要，增加阳光大堂，结构采用钢结构技术与混凝土加固技术，既满足了规范的要求，又实现了酒店大堂功能的要求。

## 石家庄人民广场

建设地点：河北省石家庄市
设计/竣工：1999 年/2001 年

本项目包括人民广场地下工程、地上广场及人民会堂。其中，人民广场地下工程采用了大跨度无黏结预应力无梁楼盖技术，是当时河北省内规模最大的预应力应用工程；采用钢筋机械连接新技术代替了传统的焊接工艺，大幅度提高了施工质量及效率，为此技术在河北省内日后的迅速推广起到了技术引领作用。

## 河北省第一届园林展览会主展馆

建设地点：河北省石家庄市正定新区
建筑面积：21 000 $m^2$
设　　计：2011 年

为展示先进的低碳、绿色技术，体现“低碳、生态、智慧”的设计理念，本项目结构设计确定采用钢结构管桁架结构以实现“枫叶”形外幕墙与内部大空间的完美过渡结合，内部部分大空间采用预应力现浇空心楼盖先进技术，实现建筑功能及外形美观要求，体现了“结构实现建筑创作之美”的设计理念。

## 石家庄新合作大厦

建设地点：河北省石家庄市
建筑面积：116 000 $m^2$
设　　计：2011 年

本项目建筑物高 166.8 m，地上 39 层，地下 4 层，总建筑面积 116 000 $m^2$，采用钢管混凝土框架－钢筋混凝土核心筒（剪力墙）组合结构体系。该项目制定了合理的结构体系方案和抗震性能目标，并将绿色建筑设计理念引入结构体系、结构构件及材料设计之中。经多方案比较，主体塔楼采用了相对钢筋混凝土结构体系质量轻、梁柱截面小、施工速度快的组合结构体系和钢梁、钢楼承板等钢结构装配式建筑设计理念及技术，基础采用钻孔后注浆技术，地下室楼板采用现浇空心楼盖技术，钢筋均采用高强钢筋 HRB400 等，降低了材料用量，节约了投资成本，加快了建设速度与效率。本工程顺利通过了河北省住建厅组织的超限高层抗震设防专项审查，设计成果总结论文《绿色建筑理念在超高层建筑工程结构分析中的应用》发表在中文科技核心期刊《华北地震科学》2014 年第 32 卷。

## 石家庄华夏商务中心（嘉悦中心）

建设地点：河北省石家庄市
建筑面积：140 600 $m^2$
设　　计：2012 年

本项目为建筑面积 140 600 $m^2$ 的城市综合体，3 栋塔楼，地下 4 层，地上 16~24 层，采用框剪、框－筒结构，按三星绿色标准设计，对照国家及河北省相关绿色建筑设计及评价标准，并结合本工程绿建咨询公司及能源咨询公司咨询报告要求，制定了各专业实施细则，并与绿建咨询公司一起编写了本工程的《绿色建筑设计标识申报自评估报告》。此外本工程地下 3 层长 295 m，采用不设置结构缝技术；为减小基础埋深、降低土方量及护坡工程量和保证护坡安全，地下室采用了无梁现浇空心楼盖技术。这些技术的采用为业主赢得了良好的经济效益和社会效益。此项目 2013 年获住建部三星级绿色建筑设计标识证书，是河北省最早一批最高绿建等级认证建筑。

## 石家庄之门

建设地点：河北省石家庄市
建筑面积：41 000 m$^2$
设　　计：2014 年

本项目建筑面积 41 000 m$^2$，地下 2 层、地上 21 层，双塔高位连体结构，19 至 21 层连体，连体跨度 19.2 m，采用框架－剪力墙结构体系，属超限高层结构。设计制定了抗震性能目标，项目通过了超限抗震专项审查，并采用 BIM 技术进行了局部精细化设计。有关本项目抗震分析论文《石家庄之门大跨连体超限高层结构抗震分析》发表在中文科技核心期刊《华北地震科学》2015 年第 33 卷第 S1 期。

## 斯必克冷却技术（张家口）有限公司新工厂设计

建设地点：河北省张家口市
建筑面积：38 000 $m^2$
设计/竣工：2015 年/2018 年

本工程处于地质条件复杂、土层起伏很大的湿陷性黄土场地，因工艺设备对地面变形控制要求较高，需全部消除建筑物范围内的湿陷性。经多方案比较，采用强夯处理方案，在试夯过程中与建设方、施工方一起不断探索，最终找到了影响处理效果的关键因素，使工程得以顺利进行。本工程相关论文《湿陷性黄土地区复杂地质下钢结构厂房地基的加固处理》发表在中文核心期刊《工业建筑》2017 年第 47 卷第 4 期。

**图书在版编目（CIP）数据**

河北省工程勘察设计大师丛书 . 结构卷 / 河北省工程勘察设计咨询协会主编 .
— 天津：天津大学出版社，2018.11
ISBN 978-7-5618-6313-8

Ⅰ . ①河… Ⅱ . ①河… Ⅲ . ①建筑工程 – 工程技术人员 – 生平事迹 – 河北 Ⅳ .
① K826.16

中国版本图书馆 CIP 数据核字（2018）第 285879 号

Hebei Sheng Gongcheng Kancha Sheji Dashi Congshu. Jiegoujuan

**策划编辑** 金 磊 韩振平 郭 颖
**责任编辑** 常 红
**装帧设计** 《建筑评论》编辑部 吴 迪

**出版发行** 天津大学出版社
**地 址** 天津市卫津路 92 号天津大学内（邮编：300072）
**电 话** 韩振平工作室 022-27402281
**网 址** publish.tju.edu.cn
**印 刷** 北京利丰雅高长城印刷有限公司
**经 销** 全国各地新华书店
**开 本** 210 mm × 285 mm
**印 张** 13
**字 数** 372 千
**版 次** 2018 年 11 月第 1 版
**印 次** 2018 年 11 月第 1 次
**定 价** 136.00 元